AF275190

GRACIAS POR CONFIAR EN COLEX

Disfrute gratuitamente **DURANTE UN AÑO** de los eBook, audiolibros y Colex Copilot de las obras de Editorial Colex*

ACTIVA TU CÓDIGO PARA ACCEDER A LOS SERVICIOS

1. Accede a **www.colex.es**.

2. Inicia sesión o regístrate como usuario.

3. Dirígete al menú de usuario y haz clic en **«Mis códigos»**.

4. Introduce el siguiente código **(RASCA PARA VER EL CÓDIGO)**:

◆ Una vez se valide el código, aparecerá una ventana de confirmación y su eBook / audiolibro / Colex copilot estarán activos **durante 1 año desde su activación** en la pestaña «Mis libros» en el menú de usuario.

* Los audiolibros están disponibles en las ediciones más recientes de nuestras obras. Se excluyen expresamente las colecciones «Códigos comentados», «Biblioteca digital» y los productos de www.vademecumlegal.es. Colex Copilot únicamente está disponible en las ediciones más recientes de las colecciones «Paso a paso» y «Vademecum».

No se admitirá la devolución si el código promocional ha sido manipulado y/o utilizado.

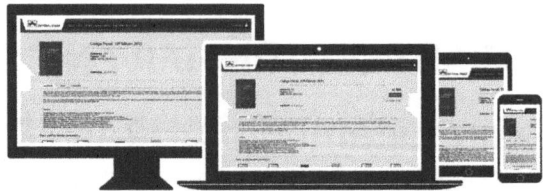

¡Gracias por confiar en nosotros!

La obra que acaba de adquirir incluye de forma gratuita la versión electrónica.

Acceda a nuestra página web para aprovechar todas las funcionalidades de las que dispone en nuestro lector.

Funcionalidades eBook

Acceso desde cualquier dispositivo con conexión a internet

Idéntica visualización a la edición de papel

Navegación intuitiva

Tamaño del texto adaptable

Síguenos en:

NUEVA FUNCIONALIDAD CON INTELIGENCIA ARTIFICIAL EN LOS LIBROS DE COLEX

| Una cortesía de Iberley.es |

En Colex damos un paso más en innovación jurídica. Desde ahora, las guías «Paso a paso» y los «Vademecum» incorporan una nueva funcionalidad basada en **inteligencia artificial**, gracias a la tecnología de **Iberley IA**.

El lector podrá interactuar directamente con el contenido del libro de forma inmediata, útil y centrada exclusivamente en su materia.

☑ **¿Qué puede hacer el usuario en el libro?**

💬 Realizar preguntas sobre el contenido del libro.

📦 Solicitar explicaciones de artículos, conceptos o normativa.

☀ Utilizar un ChatBot inteligente, contextualizado y acoplado al contenido legal del libro.

💡 Resolver dudas puntuales mientras se estudia o trabaja con la obra.

☒ **¿Qué no puede hacer esta versión del ChatBot?**

✗ No permite generar escritos jurídicos.

✗ No analiza ni responde documentos externos.

✗ No responde a consultas de otras materias distintas a la del libro.

Esta herramienta está pensada para enriquecer la experiencia de lectura y consulta del libro. Su uso es exclusivo sobre su contenido.

¿QUIERES IR MÁS ALLÁ? DESCUBRE IBERLEY IA

Si necesitas una **solución avanzada de inteligencia legal**, con cobertura total de materias y documentos, entra en **www.iberley.es** y accede a todas las funcionalidades profesionales:

CUADRO SIMBÓLICO DE FUNCIONALIDADES		
Funcionalidad	**En los libros Colex**	**En Iberley.es**
Preguntar sobre el contenido del libro	✓	✓
Solicitar explicaciones jurídicas	✓	✓
ChatBot integrado al contenido del libro	✓	✓
Consultas sobre otras materias	✗	✓
Análisis de documentos externos	✗	✓
Generación de escritos jurídicos	✗	✓
Traducción jurídica	✗	✓
Informes y resúmenes legales automáticos	✗	✓
Contratos, guías prácticas y emails para clientes	✗	✓
Estrategias judiciales y jurisprudencia instantánea	✗	✓

SEPARACIÓN DE BIENES

Aspectos prácticos sobre la disolución
y liquidación del régimen económico
matrimonial de separación de bienes

SEPARACIÓN DE BIENES

Aspectos prácticos sobre la disolución
y liquidación del régimen económico
matrimonial de separación de bienes

3.ª EDICIÓN 2025

**Obra realizada por el Departamento de
Documentación de Iberley**

COLEX 2025

© Editorial Colex, S.L.
Calle Costa Rica, número 5, 3º B (local comercial)
A Coruña, C.P. 15004
info@colex.es
www.colex.es

I.S.B.N.: 979-13-7011-178-6
Depósito legal: C 878-2025

SUMARIO

ANEXO I.
CASOS PRÁCTICOS

ANEXO II.
FORMULARIOS

1.
EL RÉGIMEN DE SEPARACIÓN DE BIENES. CONCEPTO Y REGULACIÓN

¿Qué es y dónde se regula el régimen de separación de bienes?

A los efectos de regular los efectos patrimoniales del matrimonio, nuestro ordenamiento jurídico recoge, a través del **título III del libro IV del Código Civil, los distintos regímenes económicos matrimoniales,** entre los que se contempla el denominado como «**régimen de separación de bienes**»:

- La sociedad de gananciales (artículos 1344 a 1410 del Código Civil).
- El régimen de participación en las ganancias (artículos 1411 a 1434 del Código Civil).
- El **régimen de separación de bienes** (artículos 1435 a 1444 del Código Civil).

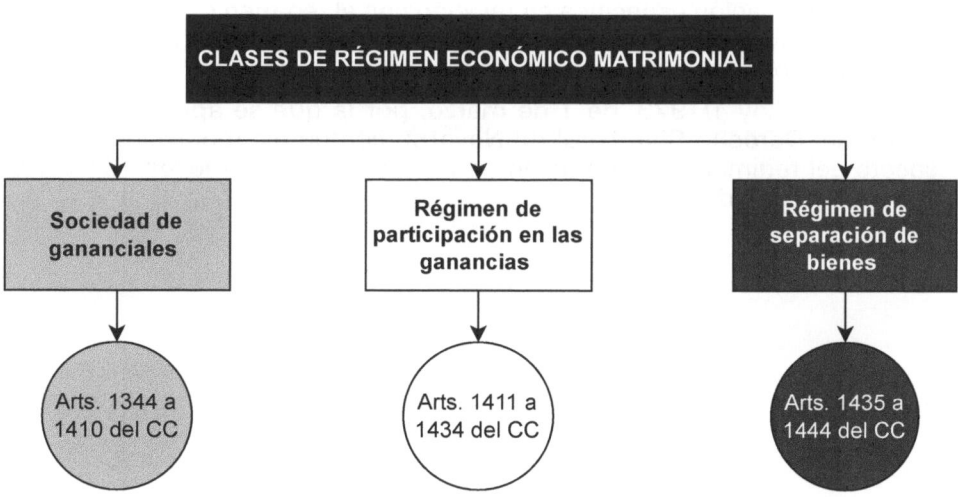

CLASES DE RÉGIMEN ECONÓMICO MATRIMONIAL

Sociedad de gananciales → Arts. 1344 a 1410 del CC

Régimen de participación en las ganancias → Arts. 1411 a 1434 del CC

Régimen de separación de bienes → Arts. 1435 a 1444 del CC

Podemos **conceptualizar** la separación de bienes como aquel régimen matrimonial en el que, por voluntad de los cónyuges o futuros cónyuges, pertenecerán a cada uno de ellos los bienes que tuviesen en el momento inicial del régimen, así como los que después adquieran por cualquier título, correspondiendo, a cada uno, la administración, goce y libre disposición de tales bienes (artículo 1437 del Código Civil). De la definición referida podemos establecer que, vigente el régimen de separación de bienes, **cada cónyuge será propietario de sus bienes y podrá actuar con plena independencia y libertad en su administración y disposición.**

> **A TENER EN CUENTA**. Regulación del régimen de separación de bienes en los territorios con derecho civil especial o foral:

Aragón: el **Decreto legislativo 1/2011, de 22 de marzo, del Gobierno de Aragón, por el que se aprueba, con el título de «Código del Derecho Foral de Aragón», el Texto Refundido de las Leyes civiles aragonesas** contiene en sus artículos 203 a 209, disposiciones expresamente previstas para el régimen económico matrimonial de separación de bienes.

Baleares: el **Decreto Legislativo 79/1990, de 6 de septiembre**, por el que se aprueba el texto refundido de la Compilación del Derecho Civil de las Islas Baleares, contiene en su artículo 3 [precepto aplicable a Mallorca y a Menorca (por remisión, artículo 65)], y su artículo 67 (aplicable a Ibiza y Formentera) referencias concretas al régimen de separación de bienes.

Cataluña: la **Ley 25/2010, de 29 de julio, por la que se regula el libro II del Código Civil de Cataluña,** contiene regulación expresa respecto del régimen de separación de bienes (arts. 232-1 a 232-12).

Galicia: la **Ley 2/2006, de 14 de junio, de derecho civil de Galicia,** no contempla regulación específica en relación con el régimen de separación de bienes por lo que, a los efectos de este régimen, habremos de estar a las reglas previstas en el derecho común.

País Vasco: la **Ley 5/2015, de 25 de junio, de derecho civil vasco,** no contempla regulación específica en relación con el régimen de separación de bienes por lo que, a los efectos de este régimen, también habremos de estar a las disposiciones previstas en el Código Civil.

Navarra: la **Ley 1/1973, de 1 de marzo, por la que se aprueba la Compilación del Derecho Civil Foral de Navarra,** contempla regulación expresa respecto del régimen de separación de bienes a través las **leyes 101 y 102 de la Ley 1/1973, de 1 de marzo.**

2.
FIJACIÓN DEL RÉGIMEN DE SEPARACIÓN DE BIENES

¿Cuándo se aplicará el régimen de separación de bienes?

En nuestro sistema jurídico rige la autonomía de la voluntad de los cónyuges, por lo que el régimen económico matrimonial será aquel que los ambos decidan libremente **a través de las capitulaciones matrimoniales.**

Sin embargo, y de conformidad con lo dispuesto en el artículo 1316 del Código Civil, **a falta de pacto, o en aquellos supuestos en los que las capitulaciones matrimoniales resultaran ineficaces,** en los territorios de derecho común, el régimen económico matrimonial aplicable es el de sociedad de gananciales. En consecuencia, de pretender que el régimen aplicable a los efectos patrimoniales de nuestro matrimonio sea el de **separación de bienes, es necesario que dicho régimen se pacte expresamente.**

Así, señala el artículo 1435 del Código Civil que existirá entre los cónyuges separación de bienes cuando concurra alguno de los siguientes supuestos:

- Cuando los cónyuges así lo hubieran convenido.
- Cuando los cónyuges hubieren pactado en capitulaciones matrimoniales que no regirá entre ellos la sociedad de gananciales, sin expresar las reglas por las que hayan de regirse sus bienes.
- Cuando se extinga, constante matrimonio, la sociedad de gananciales o el régimen de participación, salvo que por voluntad de los interesados fuesen sustituidos por otro régimen distinto.

De lo anterior, puede deducirse la posibilidad de que los cónyuges opten por la aplicación del régimen de separación de bienes **en cualquier momento,** lo que entra en relación con lo dispuesto en los artículos 1325 y ss. del Código Civil, preceptos reguladores de las capitulaciones matrimoniales.

Conforme a lo anterior, debemos tener en cuenta que nuestro derecho común establece una presunción *iuris tantum* en favor de la aplicación del régimen de sociedad de gananciales como aquel que regirá las relaciones patrimoniales si no existe pacto expreso que lo contradiga, así como también en aquellos casos en los que, de existir, dicho pacto resulte ineficaz.

Sin embargo, **esto no resulta de aplicación en todos los supuestos y ello porque, como sabemos, los territorios de Galicia, País Vasco, Comunidad Foral de Navarra, Aragón, Cataluña y Baleares cuentan con una legislación reguladora propia en lo concerniente a los regímenes económicos matrimoniales** en concordancia con la existencia de un derecho civil foral o especial en sus territorios:

- En **Galicia**, el **art. 171 de la Ley 2/2006, de 14 de junio**, establece que el régimen económico matrimonial será el convenido por los cónyuges en capitulaciones matrimoniales. En defecto de convenio o ante ineficacia del mismo, el régimen que se establece es el propio de la **sociedad de gananciales**.

- En el **País Vasco**, en defecto de pacto, se establecen dos regímenes legales supletorios, a través de la correspondiente norma de conflicto: el **general de gananciales**, por remisión al Código Civil, aplicable a quienes tengan la **vecindad civil vasca común (apartado 1 del art. 127 de la Ley 5/2015, de 25 de junio)**, y el **especial de la comunicación foral**, aplicable a quienes tengan la **vecindad civil local vizcaína (apartados 2 y 3 del art. 127 del mismo texto legal)**.

CUESTIÓN

¿Qué régimen regirá, a falta de pacto, en el supuesto de que solo uno de los cónyuges tenga vecindad civil vizcaína?

En el supuesto de que solo uno de los cónyuges tenga vecindad civil vizcaína regirá, a falta de pacto, el régimen de bienes correspondiente a la **primera residencia habitual común** de los cónyuges, **y a falta de esta,** la que corresponda al **lugar de celebración del matrimonio.**

Por tanto, cuando ambos contrayentes sean vecinos de la tierra llana de Bizkaia, de Aramaio o Llodio, el matrimonio se regirá, a falta de pacto, por el régimen de comunicación foral de bienes, que se regula en el capítulo segundo, del título III, de la Ley de Derecho Civil Vasco. En el supuesto contrario, en el que solo uno de los cónyuges tenga vecindad civil vizcaína, regirá, a falta de pacto, el régimen de bienes correspondiente a la primera residencia habitual común de los cónyuges, y a falta de esta, la que corresponda al lugar de celebración del matrimonio.

Asimismo, cabe destacar que, a falta de pacto expreso, el régimen económico-patrimonial de las parejas de hecho reguladas en esta ley será el de separación de bienes establecido en el Código Civil (D.A. 2.ª de la Ley 5/2015, de 25 de junio en relación con lo previsto en el art. 11 de la misma).

- En el caso de la **Comunidad Foral de Navarra,** la Compilación de Navarra, aprobada mediante la **Ley 1/1973, de 1 de marzo**, establece la libertad de pacto en capitulaciones matrimoniales y, en defecto de ello, regirá la **«sociedad conyugal de conquistas»**, régimen matrimonial regulado en la **ley 87 a 91 de la Ley 1/1973, de 1 de marzo.**

- En **Aragón**, el **Decreto Legislativo 1/2011, de 22 de marzo, del Gobierno de Aragón, por el que se aprueba, con el título de «Código del Derecho Foral de Aragón», el Texto Refundido de las Leyes civiles aragonesas,** establece que el régimen económico matrimonial es el pactado por los cónyuges en capitulaciones matrimoniales, y, en defecto de ello, regirá el denominado **«régimen de consorcio conyugal»** regulado en los arts. 210 y ss. (**art. 193 del Decreto Legislativo 1/2011, de 22 de marzo**).

- En **Cataluña**, la **Ley 25/2010, de 29 de julio, por la que se regula el Libro II del Código Civil de Cataluña,** establece que el régimen económico que regirá, en defecto de pacto, será el de **separación de bienes** (artículo 231-10 de la Ley 25/2010, de 29 de julio).

- **Mallorca y Menorca**. A falta de régimen económico conyugal convenido por los cónyuges en capítulos, formalizado en escritura pública, se aplicará el régimen de **separación de bienes** (art. 3 y 65 del Decreto Legislativo 79/1990, de 6 de septiembre, por el que se aprueba el texto refundido de la Compilación del Derecho Civil de las Islas Baleares).

- **Ibiza y Formentera**. De acuerdo con las disposiciones aplicables en las islas de Ibiza y Formentera (libro III del **Decreto Legislativo 79/1990, de 6 de septiembre, por el que se aprueba el texto refundido de la Compilación del Derecho Civil de las Islas Baleares**), el régimen económico matrimonial que rige en defecto de capitulaciones (denominadas *espòlits*), será el **de separación de bienes** (art. 67)

- Por último, cabe hacer mención a la **Comunidad Valenciana**. La **sentencia del Tribunal Constitucional n.º 82/2016, de 28 de abril, ECLI:ES:2016:82,** declaró la inconstitucionalidad de la norma que regulaba el régimen económico matrimonial valenciano, esta es, la Ley 10/2007, de 20 de marzo, de la Generalitat, de Régimen Económico Matrimonial Valenciano, por vulneración de la competencia en materia de legislación civil del art. 149.1.8 de la CE. Esto conlleva a que, el régimen económico matrimonial supletorio en la Comunidad Valenciana sea el previsto para los territorios de derecho común, esto es, el de la sociedad de gananciales, por lo que, solo regirá el régimen de separación de bienes en el supuesto de pacto expreso.

CUESTIÓN

¿Qué ocurrirá con los matrimonios contraídos constante la vigencia de la norma (Ley 10/2007, de 20 de marzo)?

Los matrimonios formalizados sin firma de capitulaciones entre el 1 de julio de 2008 y el 31 de mayo de 2016 se regirán por el régimen económico de separación de bienes.

APLICACIÓN DEL RÉGIMEN ECONÓMICO MATRIMONIAL DE SEPARACIÓN DE BIENES	
Carácter supletorio: Aplicación automática (salvo pacto en contrario)	**Cataluña**
	Valencia (solo matrimonios formalizados entre el 1 de julio de 2008 y 31 de mayo de 2016)
	Baleares
Aplicación en virtud de pacto	**Territorios derecho común**
	Galicia
	País Vasco
	Navarra
	Aragón
	Valencia

Sentado lo anterior, podemos concluir que, a salvo de que en el matrimonio resulten aplicables las reglas del derecho civil especial o foral de Cataluña, Baleares o Valencia (estos últimos únicamente para aquellos celebrados entre el 1 de julio de 2008 y 31 de mayo de 2016), el régimen económico matrimonial que regirá las relaciones patrimoniales del matrimonio **solo será el de separación de bienes si así lo han previsto expresamente las partes a través de las conocidas como «capitulaciones matrimoniales».**

De no presentarse escrituras de capitulaciones se inscribirá como régimen económico matrimonial legal el que fuera supletorio de conformidad con la legislación aplicable (art. 60 de la Ley 20/2011, de 21 de julio, del Registro Civil).

CUESTIÓN

¿Es válido el documento privado a través del cual los cónyuges pactan regular sus relaciones patrimoniales por el régimen matrimonial de separación de bienes?

No, para su validez, las capitulaciones matrimoniales —así como sus modificaciones— deberán constar en **escritura pública.** Esto es así tanto en el derecho común como en aplicación del derecho civil especial o foral que legalmente corresponda (art. 1327 del Código Civil, ley 78 de la Compilación Navarra, arts. 185 y 197 del Código del Derecho Foral de Aragón, art. 231-19 del Código Civil de Cataluña, Ley 173 de la Ley de derecho civil de Galicia y arts. 3 y 66 de la Compilación de Baleares).

A TENER EN CUENTA. De conformidad con lo previsto en el artículo 1326 del Código Civil, las capitulaciones matrimoniales podrán ser otorgadas antes o después de celebrarse el matrimonio. Sin embargo, debe advertirse que, en caso de que sean otorgadas de forma previa a la celebración del matrimonio, todo lo que se estipule en ellas quedará sin efecto en el caso de que el matrimonio no se formalice en el plazo de un año desde el otorgamiento de las mismas (art. 1334 del CC).

Otorgada ante notario escritura de capitulaciones matrimoniales, y en cumplimiento de lo expresamente previsto en el artículo 60 de la Ley del Registro Civil, deberá este remitir en el mismo día copia autorizada electrónica de la escritura pública al encargado del Registro Civil correspondiente para su constancia en la inscripción de matrimonio. Si el matrimonio no se hubiera celebrado a la fecha de recepción de la escritura de capitulaciones matrimoniales, el encargado del registro procederá a su anotación en el registro individual de cada contrayente.

Asimismo, cabe destacar que, además del requisito anterior (elevación a escritura pública), las capitulaciones matrimoniales se encuentran sometidas al **principio de publicidad e inscripción**. Así, y de conformidad con lo previsto en el artículo 1333 del Código Civil: «en toda inscripción de matrimonio en el Registro Civil se hará mención, en su caso, de las capitulaciones matrimoniales que se hubieren otorgado, así como de los pactos, resoluciones judiciales y demás hechos que modifiquen el régimen económico del matrimonio. Si aquéllas o éstos afectaren a inmuebles, se tomará razón en el Registro de la Propiedad, en la forma y a los efectos previstos en la Ley Hipotecaria», precepto que entra en relación con lo dispuesto en el artículo 1436 del CC, al establecerse en el mismo la obligación de anotar e inscribir, respectivamente, en el Registro de la Propiedad que corresponda, la demanda de separación de bienes y la sentencia firme en la que se declare. Asimismo, también se prevé la obligatoriedad de que esa sentencia firme sea objeto de anotación en el Registro Civil.

CUESTIÓN

¿Qué ocurrirá si no inscribimos las capitulaciones matrimoniales en el Registro Civil o, en su caso, en el Registro de la Propiedad que corresponda?

La ausencia de cumplimiento del requisito de publicidad del régimen de separación de bienes conllevará que dicho régimen no surta efectos frente a terceros, pues al no tener estos conocimiento de tal hecho, ha de presumirse que se rigen por la sociedad de gananciales (y ello, a salvo de los matrimonios que, en virtud del derecho civil especial o foral que resulte de aplicación, prevean el régimen de separación de bienes como el aplicable en ausencia de pacto de los cónyuges —Cataluña, Baleares o Valencia (estos últimos únicamente para aquellos celebrados entre el 1 de julio de 2008 y 31 de mayo de 2016)—. En este sentido, puede consultarse, entre otras, la **STS n.º 186/1999, de 8 de marzo, ECLI:ES:TS:1999:1582.**

2.1. La propiedad de los bienes en el régimen de separación de bienes

Autonomía patrimonial de los cónyuges en la separación de bienes

De regir el régimen de separación de bienes en el matrimonio, cada cónyuge conservará la propiedad y la administración de sus propios bienes. Esto será así no solo con respecto de los **bienes adquiridos de forma previa** a la formalización del matrimonio, sino también con respecto a **aquellos que los cónyuges adquieran durante el mismo.** Este es el sentido en el que se pronuncia el artículo 1437 del Código Civil:

> «En el régimen de separación pertenecerán a cada cónyuge los bienes que tuviese en el momento inicial del mismo y los que después adquiera por cualquier título. Asimismo corresponderá a cada uno la administración, goce y libre disposición de tales bienes».

> **A TENER EN CUENTA**. Existe una regla limitativa de lo establecido en el artículo arriba referido pues, para disponer de los derechos sobre la vivienda habitual y los muebles de uso ordinario de la familia, se requerirá el consentimiento de ambos cónyuges o, en su caso, autorización judicial, y ello pese a que tales derechos formen parte del patrimonio de uno solo de los cónyuges (artículo 1320 del Código Civil).

Ahora bien, dicho régimen de separación de bienes, si bien se fundamenta en la autonomía patrimonial de ambos cónyuges, **no puede ser absoluto,** dado que la convivencia marital requiere atender a determinadas cargas de contenido económico (artículo 1438 del Código Civil: «Los cónyuges contribuirán al sostenimiento de las cargas del matrimonio. A falta de convenio lo harán proporcionalmente a sus respectivos recursos económicos...») por lo que, tal y como pone de relieve la **sala del Tribunal Supremo en su sentencia n.° 371/1996, de 28 de abril, ECLI:ES:TS:1997:2988,** el régimen de separación absoluta de bienes **no resulta impeditivo para que pueda surgir en el matrimonio, comunidad postmatrimonial de bienes,** cuyo régimen es el de cualquier conjunto de cosas en cotitularidad ordinaria y en el que cada cónyuge conserva una cuota, bien concreta o abstracta, sobre el *totum* del haber patrimonial común. Así, encontramos que el artículo 1441 del Código Civil establece una presunción *iuris tantum,* precepto a través del cual se determina que, **cuando no sea posible acreditar a cuál de los cónyuges pertenece algún bien o derecho, corresponderá a ambos por mitad.**

Asimismo, y de conformidad con lo dispuesto en el artículo 1439 del Código Civil, encontramos que, vigente el régimen de separación de bienes, **si uno de los cónyuges administrase o gestionase bienes o intereses del otro,** recaerán sobre este las mismas obligaciones y responsabilidades que un **mandatario,** pero no tendrá obligación de rendir cuentas de los frutos percibidos y consumidos, salvo cuando se demuestre que los invirtió en atenciones distintas del levantamiento de las cargas del matrimonio.

Conforme lo anterior, podemos concluir que el artículo 1439 del Código Civil establece que la rendición de cuentas solo afectará a los **frutos separados percibidos y no consumidos y a los consumidos cuando se demuestre que el cónyuge gestor los invirtió en atenciones distintas al levantamiento de las cargas del matrimonio.** La norma, tal y como pone de relieve la **Audiencia Provincial de Málaga en su sentencia n.º 320/2017, de 15 de mayo, ECLI:ES:APMA:2017:912,** viene a reconocer que el cónyuge administrador recibe poderes para aplicar por sí los frutos a las cargas del matrimonio, con lo que se presume que los frutos percibidos y consumidos han sido precisamente consumidos en el levantamiento de las cargas del matrimonio, y dichas cuentas no serán exigibles porque, de ser así, ello supondría ir en contra de la buena fe al exigirse cuentas en asuntos en los que es posible que no quedase constancia escrita.

> **CUESTIÓN**
>
> **¿Cuáles son las obligaciones y responsabilidades del mandatario?**
>
> El contrato de mandato viene regulado en los artículos 1709 a 1739 del Código Civil. Su definición viene dada en el art. 1709 y lo define tal que así: «Por el contrato de mandato se obliga a una persona a prestar algún servicio o hacer alguna cosa por cuenta o encargo de otra».

2.2. Las obligaciones de los cónyuges en el régimen de separación de bienes

¿Qué ocurrirá con las obligaciones contraídas por los cónyuges en la separación de bienes?

Las obligaciones que cada cónyuge contraiga durante la vigencia del régimen de separación de bienes serán de su exclusiva responsabilidad. Ahora bien, en cuanto a las obligaciones contraídas en el ejercicio de la potestad doméstica, el artículo 1440 del Código Civil prevé la obligación de ambos cónyuges de responder de estas conforme a las reglas previstas en los artículos 1319 y 1438 del Código Civil.

De acuerdo con lo anterior, podemos concluir que **la regla general en el régimen económico matrimonial de separación de bienes es que las obligaciones contraídas por cada cónyuge son de su exclusiva responsabilidad.** Sin embargo, de manera **excepcional,** cuando uno de los cónyuges actúe en **el ejercicio de la potestad doméstica y contraiga obligaciones para atender las necesidades ordinarias de la familia, el otro responderá de manera subsidiaria de su cumplimiento** en virtud de la remisión que hace el ya meritado artículo 1440 del Código Civil al artículo 1319 del mismo texto legal.

Esta regla permite, tal y como se pone de manifiesto a través de la **sentencia del Tribunal Supremo n.° 51/2021, de 4 de febrero, ECLI:ES:TS:2021:293**, que, a pesar de la separación patrimonial existente entre los cónyuges en virtud del régimen de separación de bienes, el tercero pueda exigir responsabilidad al cónyuge que no contrató ni generó la deuda siempre y cuando esta haya sido contraída para satisfacer las necesidades ordinarias de la familia:

> «La excepción a la regla de separación de responsabilidades se justifica por la comunidad de vida propia del matrimonio y beneficia a los acreedores al mismo tiempo que favorece el mayor crédito de los cónyuges a las necesidades familiares».

CUESTIÓN

¿A quién corresponderá la carga de la prueba de que la deuda ha sido contraída a los efectos de atender a las necesidades familiares?

Corresponderá al actor probar que la deuda contraída por uno solo de los cónyuges lo ha sido en el ejercicio de la potestad doméstica. Así se estipula a través de la mencionada **sentencia del Tribunal Supremo n.° 51/2021, de 4 de febrero, ECLI:ES:TS:2021:293**:

> *«Será preciso, para que el acreedor pueda exigir responsabilidad al cónyuge con el que no contrató, si no la prueba cumplida del contrato uso o destino del gasto, lo que escapa a las posibilidades del conocimiento y prueba del tercero, sí al menos una apariencia razonable de su destino familiar y doméstico. Habitualmente ese destino resultará de la propia naturaleza de los bienes adquiridos o de los servicios contratados, pero no hay que negar que, en caso de necesidad, uno de los cónyuges recurra a un préstamo para obtener para obtener fondos para atender a las necesidades familiares. Lo que sucede es que, en tal caso, el acreedor que pretenda exigir responsabilidad al otro cónyuge deberá acreditar que los fondos prestados se destinaron a tal fin».*

Por su parte, cabe advertir que el artículo 1442 del Código Civil nos remite a la legislación concursal **cuando un cónyuge sea declarado en concurso,** por lo que, de darse el caso, habrá que atender a lo establecido en el artículo 195 del Real Decreto Legislativo 1/2020, de 5 de mayo, por el que se aprueba el texto refundido de la Ley Concursal, en el que se prevé que en caso de que el concursado estuviera casado en régimen de separación de bienes, se presumirá en beneficio de la masa activa, salvo prueba en contrario, que el concursado había donado a su cónyuge la mitad de la contraprestación satisfecha por este durante el año anterior a la declaración de concurso para la adquisición a título oneroso de bienes o derechos. Si se acreditara que la contraprestación procedía directa o indirectamente del patrimonio del concursado, se presumirá, salvo prueba en contrario, la donación de la totalidad de la contraprestación.

A TENER EN CUENTA. Las referidas presunciones no regirán cuando, en el momento de la realización del acto, los cónyuges estuvieran separados judicialmente o de hecho.

2.3. El derecho a compensación del artículo 1438 del Código Civil

Requisitos para la concesión de la pensión económica en la separación de bienes

¿En qué consiste la pensión económica prevista para la separación de bienes?

En la actualidad, es habitual que la obligación contenida en el artículo 1438 del CC, relativa a la debida contribución de los cónyuges casados en régimen de separación de bienes a la satisfacción de las cargas del matrimonio, se lleve a efecto por estos con la contribución que cada uno aporte de los ingresos procedentes de sus respectivos trabajos, pero ello no obsta ni cercena la posibilidad de la prestación exclusiva en especie por parte de uno de ellos, mediante la realización de las tareas domésticas y de cuidado de los hijos comunes. Contribución que, a pesar de que normalmente el cónyuge que la lleva a efecto lo hace de manera gratuita, sin percepción de ningún salario a cargo del patrimonio de su consorte, no impide que no sea susceptible de generar una compensación, al tiempo de la extinción del régimen económico matrimonial (**STS n.º 658/2019, de 11 de diciembre, ECLI:ES:TS:2019:4080**).

Así pues, y de conformidad con lo dispuesto en el artículo 1438 del Código Civil, **la pensión económica es aquella a la que tendrá derecho el cónyuge que, casado en régimen de separación de bienes, haya contribuido con el trabajo para la casa computando este como contribución a las cargas:**

> «Los cónyuges contribuirán al sostenimiento de las cargas del matrimonio. A falta de convenio lo harán proporcionalmente a sus respectivos recursos económicos. El trabajo para la casa será computado como contribución a las cargas y dará derecho a obtener una compensación que el Juez señalará, a falta de acuerdo, a la extinción del régimen de separación».

En la interpretación del artículo transcrito, la sala de nuestro Alto Tribunal, partiendo de la premisa de que el trabajo para la casa **no solo es una forma de contribución a las cargas del matrimonio**, sino que se constituye también como un **título para obtener una compensación** en el momento de la finalización del régimen económico matrimonial, fija a través de su **sentencia n.º 534/2011, de 14 de julio, ECLI:ES:TS:2011:4874**, las **bases** y premisas sobre los que descansa el **reconocimiento del derecho** a esta compensación económica:

1. **Separación de bienes.** En primer lugar, el régimen regulador de las relaciones económicas y patrimoniales de los cónyuges ha de ser el régimen de separación de bienes.

2. Dedicación exclusiva. Es necesario que el cónyuge solicitante haya contribuido a las cargas del matrimonio solo con el trabajo realizado para la casa. Esto es, el hecho de que el cónyuge solicitante hubiere compatibilizado el cuidado de la casa y la familia con la realización de un trabajo fuera del hogar ya fuere a tiempo parcial o a jornada completa, impedirá el reconocimiento del derecho a la compensación.

A TENER EN CUENTA. Si bien, en este sentido resulta de extraordinario interés traer a colación el matiz que a este respecto se lleva a cabo en, entre otras, la STS n.º 252/2017, de 26 de abril, ECLI:ES:TS:2017:1591, al reconocerse por la sala que la colaboración en actividades profesionales o negocios familiares, en condiciones laborales precarias, es equiparable al «trabajo para la casa» a los efectos del reconocimiento de la compensación económica del artículo 1438 del Código Civil en caso de divorcio.

CUESTIÓN

¿Podrá presumirse la dedicación exclusiva por el hecho de que uno de los cónyuges no haya trabajado fuera de casa constante el matrimonio?

No, quedarse en casa no implica trabajar para la casa. Es clara a este respecto la sentencia de la Audiencia Provincial de Valladolid n.º 325/2011, de 7 de noviembre, ECLI:ES:APVA:2011:1501, recogiendo en este sentido lo que sigue:

«(...) no se ha justificado por la esposa ni una dedicación exclusiva ni excluyente a la familia, que no puede presumirse por el mero hecho de no haber trabajado fuera de casa, ni se ha producido una prueba de pérdida de expectativas profesionales o económicas que le hubiesen proporcionado más recursos o tantos recursos al menos como los que pretende que se le compensen por la vía del art. 1438. En ningún caso consta en este procedimiento debidamente acreditado que la esposa ahora apelante se hubiera encargado de un modo exclusivo y excluyente, de las tareas de la casa, y de los trabajos domésticos habituales. Falta por ello la prueba de una dedicación esencial o significativa a dichas tareas».

3. Ausencia de necesidad de incremento patrimonial. No es necesaria la existencia de un incremento patrimonial a favor del cónyuge deudor como consecuencia del trabajo realizado en el hogar por el cónyuge acreedor para la obtención de la compensación. Supuesto respecto del que se pronunció de forma clara la sala del **Tribunal Supremo en su sentencia n.º 534/2011 de 14 de julio, ECLI:ES:TS:2011:4874.**

En ella, los magistrados estudian el recurso de apelación interpuesto en un supuesto de hecho en el que en un matrimonio, cuyo régimen económico matrimonial era el de separación de bienes, la esposa, licenciada en derecho pero que nunca había ejercido la profesión, ni había llevado a cabo ningún tipo de actividad económica remunerada, dedicándose al trabajo del hogar durante la convivencia, solicitaba una indemnización *ex* art. 1438 del CC y que deniega la sentencia objeto de recurso, alegándose en ella que no cabía apreciar un incremento patrimonial del otro cónyuge:

«(...) en el caso que se examina estamos ante un régimen de separación de bienes libremente pactado y no se ha acreditado que la dedicación de la esposa a la familia, de la que forma parte una sola hija, haya permitido un incremento de beneficios a favor del esposo, toda vez que la mayor parte del patrimonio inmobiliario fue adquirido con anterioridad a la celebración del matrimonio y por lo tanto no entra en los parámetros del Art. 1438 CC. Es decir, no cabe apreciar un incremento patrimonial injustamente adquirido por razón de la dedicación por parte de la esposa a las cargas de atención y cuidado de la familia».

Sin embargo, tal y como hemos advertido, es clara la sala en su pronunciamiento, revocando la de instancia, reconociendo el derecho de la actora a percibir una indemnización *ex* art. 1438 del CC en la cuantía de 108.000 euros a cargo de su cónyuge y **sentando como doctrina jurisprudencial** lo que sigue:

«El derecho a obtener la compensación por haber contribuido uno de los cónyuges a las cargas del matrimonio con trabajo doméstico en el régimen de separación de bienes requiere que habiéndose pactado este régimen, se haya contribuido a las cargas del matrimonio solo con el trabajo realizado para la casa. Se excluye, por tanto, que sea necesario para obtener la compensación que se haya producido un incremento patrimonial del otro cónyuge».

CUESTIÓN

Cuando uno de los cónyuges se ha dedicado en exclusiva a las tareas del hogar, pero contando con la colaboración ocasional del otro cónyuge, o incluso contando con ayuda externa como puede ser una empleada del hogar, una persona dedicada a la jardinería o ayuda semejante, ¿se excluye el derecho de aquel a la compensación económica del artículo 1438 del Código Civil?

No. Si bien es cierto que la jurisprudencia ha venido exigiendo que la dedicación del cónyuge al trabajo y al hogar sea exclusiva (esto es, solo con trabajo realizado para la casa), **no se requiere una dedicación excluyente**. Así pues, la dedicación del cónyuge a las tareas del hogar, con la colaboración ocasional del otro cónyuge o con ayuda externa, no impedirá el reconocimiento del derecho a la compensación económica siempre y cuando la dedicación del cónyuge que la haya solicitado haya sido exclusiva, pues en este caso, la dedicación requerida para su concesión se mantiene (sin perjuicio de que esta ayuda puede tomarse en consideración a la hora de llevar a cabo la cuantificación de la compensación una vez constatados lo requisitos necesarios para su reconocimiento) (STS n.° 136/2017, de 28 de febrero, ECLI:ES:TS:2017:714).

En resumen y conclusión, el derecho a obtener la compensación prevista por el legislador en el artículo 1438 del Código Civil, por haber contribuido uno de los cónyuges a las cargas del matrimonio con trabajo doméstico en el régimen de separación de bienes, requiere que, habiéndose pactado este régimen, se haya contribuido a las cargas del matrimonio solo con el trabajo realizado para la casa, **excluyéndose**, por tanto, que sea necesario para la obtención de la referida compensación, que se haya producido un incremento patrimonial del otro cónyuge.

CUESTIONES

1. ¿Podrá solicitarse la compensación del artículo 1438 del Código Civil en un procedimiento independiente al de la separación o divorcio?

Sí, tal y como pone de manifiesto la sentencia del Tribunal Supremo n.º 678/2015, de 11 de diciembre, ECLI:ES:TS:2015:5216, la solicitud de la compensación prevista en el artículo 1438 del Código Civil podrá hacerse efectiva, bien en el proceso conyugal o en un procedimiento independiente.

2. Interpuesta por uno de los cónyuges demanda de separación o divorcio, ¿podrá el cónyuge demandado solicitar la pensión del artículo 1438 del Código Civil?

Sí, podrá hacerlo a través de la reconvención. Puede consultarse en este sentido la respuesta dada por el Tribunal Supremo a través de su sentencia n.º 94/2018, de 20 de febrero, ECLI:ES:TS:2018:501. A través de esta, la sala anula la sentencia objeto de recurso, para que se pronuncie, dado que entendió que la acción del art. 1438 del Código Civil no podía ejercitarse en el procedimiento de divorcio a través de la reconvención, ello porque, según el criterio mantenido por el órgano que dictó la sentencia objeto de recurso (SAP de Málaga n.º 900/2016, de 22 de diciembre, ECLI:ES:APMA:2016:3310), «la demanda de divorcio, inicial o reconvencional, no es el cauce para dilucidar dicha pretensión, sino que debe acudirse a un juicio declarativo posterior, pues tal petición excede del objeto del proceso de divorcio». En contra de lo dictado por la audiencia provincial y de acuerdo con la Sala del Tribunal Supremo:

«(...) la acción relativa al art. 1438 del C. Civil puede ejercitarse dentro del procedimiento matrimonial, o en uno posterior, si así lo desea el demandante, por lo que lo establecido en la sentencia recurrida, no procede, dado que los arts. 748 y 770 de la LEC, no excluyen la indemnización del art. 1438 del C. Civil, del ámbito de los procedimientos de separación y divorcio, en los que la acción del art. 1438 C. Civil, no es contenido necesario pero sí posible.

La pretendida complejidad de la determinación de la indemnización del art. 1438 del C. Civil, no es justificación suficiente, pues en el propio juicio verbal se dilucidan cuestiones tan trascendentes como la custodia de los hijos, la vivienda familiar, la pensión de alimentos y la pensión compensatoria, lo cual exige una amplia prueba sobre la capacidad económica de cada cónyuge, que también aprovecha y afecta a la institución del art. 1438 del C. Civil».

Conforme a lo antedicho, podemos concluir que **la compensación podrá solicitarse en el proceso de separación o divorcio** —con la demanda o la reconvención— o posteriormente, **a través de un proceso declarativo verbal u ordinario que corresponda por razón de la cuantía.**

Por su parte, cabe recordar que de conformidad con las previsiones del artículo 217 de la Ley de Enjuiciamiento Civil, **la carga de la prueba** del efectivo cumplimiento de los requisitos requeridos para la estimación de la procedencia de la compensación (arriba mencionados), **recae sobre el cónyuge que la solicita**. En este sentido, véase a modo ejemplificativo, la negativa del reconocimiento a la percepción de la compensación dada por los magistrados de la **Audiencia Provincial de Madrid en la sentencia n.º 448/2009, de 30 de junio, ECLI:ES:APM:2009:12860:**

«(...) es lo cierto que en ningún caso se ha acreditado por la demandada la concurrencia del requisito relativo a la especial sobreaportación de la misma al sostenimiento de las cargas familiares, lo cual **no puede presumirse ni deducirse de manera automática**, máxime cuando la misma ha desarrollado su actividad profesional que no le ha impedido su ascenso y promoción en el trabajo».

Por último, no debemos olvidar que el artículo 1438 del Código Civil no deja de ser una norma de liquidación del régimen económico matrimonial de separación de bienes, que exige **rogación para su estimación y no puede ser apreciada de oficio por el tribunal**. En la sentencia del Tribunal Supremo n.º 1498/2024, de 11 de noviembre, ECLI:ES:TS:2024:5520, se analiza un caso en el que los cónyuges, en un inicio, rigieron su matrimonio por el régimen de separación de bienes, y que, posteriormente, sustituyeron por el de gananciales. Durante la vigencia del matrimonio era él quien aportaba íntegramente sus recursos económicos, mientras que la mujer contribuía con el trabajo doméstico a la atención de las necesidades del hogar. Aquél (el marido) sufrió un accidente que le produjo una situación de incapacidad permanente con una pensión que no alcanzaba los 800 euros. En el matrimonio no había hijos en común y tampoco constaba que el cónyuge impidiera a su mujer dedicarse a una actividad laboral. Esta solicita una pensión compensatoria de 400 euros, así como una compensación económica en base al art. 1438 del CC, de 21.886,56 euros. Con todo, ambas fueron denegadas, y para tal decisión fue importante tener en cuenta el hecho de que **en el momento en que se sustituyó el régimen matrimonial de separación de bienes por el de gananciales, no se estableció ningún tipo de compensación económica.** Por lo que, a la vista de lo anterior, en este caso, se desestimaron todas las pretensiones de la mujer, tanto la solicitud de pensión compensatoria como la de compensación económica regulada en el art.1438 del CC.

¿Cuál es la forma en la que se determinará la cuantía de la compensación prevista en el artículo 1438 del Código Civil?

A la hora de determinar la cuantía de la compensación prevista en el artículo 1438 del Código Civil vemos que, tal y como indica la **STS n.º 534/2011, de 14 de julio, ECLI:ES:TS:2011:4874,** el artículo en cuestión se remite al convenio, esto es, deja la determinación de la cuantía al acuerdo de las partes. Es decir, que los cónyuges, al pactar este régimen, **pueden determinar los parámetros a utilizar para fijar la concreta cantidad debida y la forma de pagarla.**

Sin embargo, de no utilizarse esta opción, **será el juez quien deba fijarla,** para lo cual, el precepto no preceptúa orientación alguna al juzgador, por lo que, ante esta falta de previsión, se ha venido estableciendo como una de las opciones, el criterio de que la cuantía se determine en **función del sueldo que cobraría por realizar el trabajo una tercera persona**, de modo que, se contribuye con lo que se deja de desembolsar o se ahorra por la falta de necesidad de contratar servicio doméstico ante la dedicación de uno de los cónyuges al cuidado del hogar.

Por su parte, la **sentencia del Tribunal Supremo n.º 614/2015, de 25 de noviembre, ECLI:ES:TS:2015:4897,** refiere como una de las posibles opciones, a los efectos de determinación de la cuantía, **el equivalente al salario**

mínimo interprofesional o la equiparación del trabajo con el sueldo que cobraría por llevarlo a cabo una tercera persona, poniendo de manifiesto que, dicho criterio, ofrece unas **razonables y objetivas pautas de valoración**, y ello pese a reconocer que, en la práctica, pueda resultar insuficiente en cuanto se niega al acreedor alguno de los beneficios propios de los asalariados que revierten en el beneficio económico para el cónyuge deudor, y se ignora la cualificación profesional de quien resulta beneficiado. Pese a lo cual, señala la sala que nada obsta a que el juez utilice otras opciones para fijar finalmente la cuantía de la compensación, teniendo en cuenta que uno de los cónyuges sacrifica su capacidad laboral o profesional a favor del otro, sin generar ingresos propios ni participar en los del otro.

Conforme a lo anterior, puede concluirse que, a la hora de proceder a la cuantificación de la compensación de la cuantía resultante de la indemnización prevista en el artículo 1438 del Código Civil, no existe un criterio legal concreto para su fijación, sin que pueda reprocharse la fijada por el juez, siempre que la fundamentación de la sentencia tenga en cuenta la doctrina del Tribunal Supremo respecto a la procedencia de la indemnización compensatoria, alcance una conclusión en función de distintas circunstancias concurrentes y lo haga de manera ponderada y motivadamente de conformidad con la prueba de que dispone (**STS n.º 300/2016, de 5 de mayo, ECLI:ES:TS:2016:1898**).

2.3.1. Diferencias con la pensión compensatoria en la sociedad de gananciales

¿Cuáles son las diferencias de la pensión compensatoria con la pensión económica del artículo 1438 del Código Civil?

Con el fin de determinar de forma clara la diferencia existente entre la compensación económica prevista en el artículo 1438 del Código Civil y la pensión compensatoria del artículo 97 del mismo texto legal, se hace necesario que, de forma genérica, llevemos a cabo una explicación de lo que podemos entender por **pensión compensatoria** y, en este sentido, debemos partir del hecho de que, el derecho a recibir la pensión compensatoria del artículo 97 del CC, procederá bajo la base de la concurrencia de un importante postulado, erigiéndose este, tal y como expresa el citado precepto, en la **necesidad de que se produzca un efectivo desequilibrio económico en uno de los cónyuges con motivo de la separación o divorcio**.

Así pues, y de conformidad con las distintas resoluciones dictadas por las distintas audiencias provinciales de nuestro país, podemos establecer que, a grandes rasgos, **el derecho a percibir una pensión compensatoria descansa sobre tres presupuestos esenciales:**

- **Presupuesto de carácter económico:** existencia de un claro e inequívoco desequilibrio patrimonial en uno de los cónyuges en relación con el otro, y respecto al nivel de bienestar por ambos disfrutado durante la etapa de normal convivencia marital.

- **Presupuesto temporal:** realidad de una agravación en la situación económica comparada con el nivel de vida anteriormente mantenido.

- **Presupuesto de carácter causal:** relación de causalidad material y directa entre aquella situación económica, desventajosa para uno de los cónyuges, y el hecho del cese de la vida en común.

Asimismo, es importante poner de relieve que **el desequilibrio económico** —que constituye el presupuesto básico de la pensión compensatoria— **ha de haberse producido en el momento de la ruptura matrimonial (sentencia del Tribunal Supremo n.º 84/2018, de 14 de febrero, ECLI:ES:TS:2018:407).** Esto es, será al tiempo de la ruptura cuando se han de valorar las circunstancias y resolver tanto la procedencia del reconocimiento del derecho a la pensión como la cuantía de la misma.

Este derecho podrá consistir en una **pensión temporal o por tiempo indefinido, así como en una prestación única.** Circunstancia esta que será determinada en el convenio regulador o en la sentencia. Asimismo, tal y como advierte el meritado precepto, a falta de acuerdo de los cónyuges **en la determinación de su importe, se tendrán en cuenta los siguientes conceptos:**

1.º Los acuerdos a que hubieran llegado los cónyuges.

2.º La edad y el estado de salud.

3.º La cualificación profesional y las probabilidades de acceso a un empleo.

4.º La dedicación pasada y futura a la familia.

5.º La colaboración con su trabajo en las actividades mercantiles, industriales o profesionales del otro cónyuge.

6.º La duración del matrimonio y de la convivencia conyugal.

7.º La pérdida eventual de un derecho de pensión.

8.º El caudal y los medios económicos y las necesidades de uno y otro cónyuge.

9.º Cualquier otra circunstancia relevante.

Conforme a lo anteriormente expuesto, resulta sencillo fijar la **diferenciación existente entre la pensión compensatoria y la compensación prevista en el artículo 1438 del Código Civil,** habida cuenta que, mientras que la pensión compensatoria cuantifica el desequilibrio que tras la separación o divorcio se produce en uno de los cónyuges, valorando la pérdida de oportunidades profesionales y teniendo en cuenta como uno más de los criterios la «dedicación pasada y futura a la familia», **la compensación del artículo 1438 del Código Civil** tiene su base en el trabajo para la casa realizado por uno de los cónyuges, bajo un régimen de separación de bienes, al valorarlo como una contribución al sostenimiento de las cargas familiares.

Asimismo, la **pensión compensatoria** se puede acordar **cualquiera que sea el régimen económico matrimonial,** analizándose el desequilibrio presente y futuro, mientras que, por su parte, la **pensión económica contem-**

plada en el artículo 1438 del Código Civil, en base a la propia literalidad del texto contenido en dicho artículo, solo puede acordarse en **régimen de separación de bienes** y se analiza la situación existente durante el matrimonio y hasta el momento de la extinción de dicho régimen, para determinar el valor del trabajo en el hogar. Así se desprende del contenido de la **sentencia del Tribunal Supremo n.º 252/2017, de 26 de abril, ECLI:ES:TS:2017:1591**, en la que la sala, en su análisis de la distinción existente entre la compensación del artículo 1438 del Código Civil y la pensión compensatoria establecida en el artículo 97 del mismo texto legal, se pronuncia conforme sigue:

> «Mediante la pensión compensatoria se cuantifica el desequilibrio que tras la separación o divorcio se produce en uno de los cónyuges, valorando la pérdida de oportunidades profesionales y teniendo en cuenta como uno más de los criterios la «dedicación pasada y futura a la familia».
>
> Por otro lado, la compensación del art. 1438 del C. Civil tiene su base en el trabajo para la casa realizado por uno de los cónyuges, bajo un régimen de separación de bienes, al valorarlo como una contribución al sostenimiento de las cargas familiares.
>
> La pensión compensatoria se puede acordar cualquiera que sea el régimen económico matrimonial, analizándose el desequilibrio presente y futuro. Por su parte, en base al art. 1438 del C. Civil, solo puede acordarse en régimen de separación de bienes y se analiza la situación existente durante el matrimonio y hasta el momento de la extinción del régimen de separación de bienes, para determinar el valor del trabajo en el hogar.
>
> La pensión compensatoria del art. 97 del C. Civil se otorga en consideración a la contribución pasada a la familia, pero también valorando la dedicación futura a los hijos, en su caso, para apreciar la posible existencia de desequilibrio económico.
>
> Sin embargo, la compensación del art. 1438 del C. Civil no se establece en consideración a la dedicación futura a la familia, ni a la situación de desequilibrio, sino solo en función de la pasada dedicación a la familia, vigente el régimen económico de separación y hasta la extinción del mismo».

DIFERENCIAS EXISTENTES ENTRE LA PENSIÓN ECONÓMICA DEL ART. 1348 DEL CC Y LA PENSIÓN COMPENSATORIA	
COMPENSATORIA (ART. 97 DEL CC)	COMPENSACIÓN DEL ART. 1348 DEL CC
Cuantifica el **desequilibrio** (dedicación a la familia como un criterio más a valorar).	Se basa en el **trabajo para la casa** realizado por uno.
Puede acordase **cualquiera que sea el régimen económico matrimonial.**	**Solo** puede acordarse en **régimen de separación de bienes.**
Se analiza el **desequilibrio** presente y futuro.	Se analiza la situación existente **durante el matrimonio y hasta el momento de la extinción** (determinación del valor del trabajo realizado para el hogar).

CUESTIONES

1. ¿Es necesario para establecer la compensación del artículo 1438 del CC acreditar el enriquecimiento del deudor de la pensión?

No. Para que nazca el derecho a la compensación del art. 1438 del CC, a diferencia de algún derecho autonómico como el de Cataluña, no se exige un incremento patrimonial del deudor. Así, la doctrina del TS ha excluido la exigencia del enriquecimiento del cónyuge que debe pagar la compensación por trabajo doméstico. En el caso analizado en la **sentencia del Tribunal Supremo n.º 229/2024, de 21 de febrero, ECLI:ES:TS:2024:837**, la sala entiende que el cónyuge obligado a pagar la compensación ha obtenido un provecho que procede directamente de que la esposa contribuyera a las cargas familiares con su trabajo personal en el hogar, mientras él obtenía ingresos patrimoniales fuera —del hogar— y pudo adquirir bienes privativos.

2. ¿Es compatible el reconocimiento del derecho a la pensión compensatoria con el derecho a la compensación del artículo 1438 del Código Civil?

Sí. La compatibilidad entre el derecho a la obtención de una pensión compensatoria y la compensación económica del cónyuge que, casado en régimen de separación de bienes, haya contribuido con el trabajo para la casa ha venido siendo reconocida de forma reiterada por nuestro Tribunal Supremo. Así, encontramos, entre otras, la **STS n.º 658/2019, de 11 de diciembre, ECLI:ES:TS:2019:4080**, en la que la sala, haciendo referencia a su **sentencia n.º 678/2015, de 11 de diciembre, ECLI:ES:TS:2015:5216**, se pronuncia de la siguiente manera:

«(...) el art. 1438 del CC «[...] se trata de una norma de liquidación del régimen económico matrimonial de separación de bienes que no es incompatible con la pensión compensatoria, aunque pueda tenerse en cuenta a la hora de fijar la compensación, y que puede hacerse efectiva bien en el proceso conyugal o en un procedimiento independiente». Esta doctrina se reproduce en la STS 94/2018, de 20 de febrero.

(...) la pensión compensatoria del art. 97 del CC no es incompatible con la compensación liquidatoria del régimen de separación de bienes del art. 1438 CC, de manera tal que cabe fijar la cuantía de ambas y ser conjuntamente percibidas por el cónyuge acreedor. Mientras que la compensación del 1438 del CC, lo que valora es la dedicación pasada a la familia por el trabajo para la casa, la pensión compensatoria del art. 97 del CC, tiene en cuenta tanto la pasada como la futura, tras la disolución del vínculo matrimonial. Ésta se basa en el desequilibrio económico en relación a la posición del otro cónyuge, que implica un empeoramiento en su posición anterior en el matrimonio, mientras que el art. 1438 del CC pretende compensar la aportación al levantamiento de las cargas familiares, que no deja de constituir una obligación de ambos consortes proporcionalmente a sus ingresos y/o posibilidades (arts. 1318 y 1438 del CC). La pérdida de oportunidades laborales es contemplada en la apreciación del desequilibrio económico y en la cuantificación de la pensión compensatoria».

2.3.2. La figura de la compensación en el régimen de separación de bienes en el derecho civil o foral

Regulación de la figura de la compensación en los distintos territorios con derecho civil o foral

Ya hemos visto que nuestro Código Civil establece que el trabajo para la casa dará derecho a obtener una compensación a la extinción del régimen de separación de bienes. Asimismo, tal y como hemos destacado en el apartado relativo a «El régimen de separación de bienes. Concepto y regulación», este régimen también aparece regulado en determinados derechos civiles o forales dentro del ordenamiento jurídico español, sin embargo, cabe advertir que, tal y pone de manifiesto nuestro Tribunal Supremo (**STS n.º 252/2017, de 26 de abril, ECLI:ES:TS:2017:1591**), no todos admiten la compensación ni todos los que la admiten le atribuyen la misma naturaleza.

‖ La figura de la compensación en Aragón

De acuerdo con las previsiones recogidas en el **artículo 203 del** Decreto Legislativo 1/2011, de 22 de marzo, del Gobierno de Aragón, por el que se aprueba, con el título de «Código del Derecho Foral de Aragón», el Texto Refundido de las Leyes civiles aragonesas, los cónyuges regirán sus relaciones patrimoniales por el régimen económico de separación de bienes cuando así lo hayan acordado en capitulaciones matrimoniales o, en caso de excusión o disolución del consorcio conyugal, si los cónyuges no han pactado otro régimen, siendo el precepto siguiente (artículo 204) el que nos indica el **orden de prelación de los parámetros legales por los que se regirá el mismo:**

> «El régimen económico de separación de bienes se regirá en primer término por lo convenido por los cónyuges en los capítulos que lo establezcan; en su defecto, por las normas establecidas en el presente Título para este régimen y, subsidiariamente, por las normas del consorcio conyugal en tanto lo permita su naturaleza».

En consecuencia, y teniendo en cuenta que las disposiciones del mencionado título no contemplan en ningún punto de su articulado (arts. 203 a 209), referencia alguna a la compensación por el trabajo para la casa, podemos concluir que, cuando ambos cónyuges posean vecindad civil aragonesa, resultándoles de aplicación la legislación foral de Aragón, de no estipularse lo contrario a través de las capitulaciones matrimoniales otorgados por las partes, **no existe ningún tipo de compensación para el cónyuge que haya aportado su trabajo para contribuir a las cargas del matrimonio.**

‖ La figura de la compensación en Baleares

Por su parte, encontramos que, a raíz de la reforma introducida por la **Ley 7/2017, de 3 de agosto, por la que se modifica la Compilación de derecho civil de las Illes Balears,** las disposiciones contenidas en el **Decreto Legislativo 79/1990, de 6 de septiembre,** por el que se aprueba el texto refundido de la Compilación del Derecho Civil de las Islas Baleares, **sí reconocen el derecho a obtener una pensión económica a favor del cónyuge que, casado régimen de separación de bienes, haya aportado su trabajo para contribuir a las cargas del matrimonio.**

En este sentido, es concretamente a través de los artículos 4 y 67 de la Compilación del Derecho Civil de las Islas Baleares, los preceptos en los que se recoge dicho derecho:

Artículo 4 de la Compilación del Derecho Civil de las Islas Baleares (aplicable a Mallorca, así como a Menorca por la remisión expresa del art. 65)

«1. Los bienes propios de cada cónyuge estarán afectos al levantamiento de las cargas del matrimonio. En defecto de pacto, cada uno de los cónyuges contribuirá en proporción a sus recursos económicos; se considera como contribución el trabajo para la familia y da derecho a obtener una compensación que el juez debe señalar, si no hay acuerdo cuando se extinga el régimen de separación».

Artículo 67 de la Compilación del Derecho Civil de las Islas Baleares (aplicable a Ibiza y Formentera)

«(...) Se considera como contribución el trabajo para la familia y da derecho a obtener una compensación que el juez debe señalar, si no hay acuerdo, cuando se extinga el régimen de separación».

CUESTIÓN

¿Existe alguna diferencia entre la compensación prevista en el artículo 1438 del Código Civil y la figura de la compensación reconocida en el Derecho Civil de las Islas Baleares?

Sí, de conformidad con la jurisprudencia que de los referidos preceptos se ha llevado a cabo por el Tribunal Superior de Justicia de las Islas Baleares, a diferencia de lo que ocurre con la compensación prevista en el artículo 1438 del Código Civil, la estimación de la compensación regulada en la Compilación Balear sí exige como requisito fundamental para su concesión, el enriquecimiento del obligado a su pago, en conjunción con el empobrecimiento de quien la solicita o, en su caso, de sus expectativas profesionales.

La sala del Tribunal Superior de Justicia de las Islas Baleares ha sido clara respecto a la necesidad de que se cumpla el referido requisito a los efectos del reconocimiento de la compensación, advirtiendo en sus resoluciones que las previsiones de los artículos 4 y 67 de la Compilación del Derecho Civil de las Islas Baleares no pueden ser interpretadas conforme a la jurisprudencia establecida por el Tribunal Supremo. Así, cabe traer a colación los extremos recogidos en la **sentencia del TSJ de Islas Baleares n.º 3/2019, de 30 de mayo, ECLI:ES:TSJBAL:2019:798,** en la que la sala rechaza el recurso interpuesto contra la sentencia objeto de recurso que denegaba el derecho a la compensación porque aprecia que no concurría en el concreto caso examinado el requisito imprescindible para que nazca este derecho, consistente en que se haya producido un enriquecimiento del cónyuge deudor y que el mismo no haya sido compensado al cónyuge acreedor de alguna manera constante matrimonio, razonándose por la sala del TSJ de Islas Baleares la desestimación del recurso interpuesto conforme sigue:

«La nueva redacción del art. 4 de la CDCIB únicamente ha codificado la existencia del derecho a la compensación entre cónyuges sin efectuar su regulación, lo que continúa obligando a los operadores jurídicos a acudir al **sistema de fuentes de nuestro derecho para la determinación de su procedencia,** concretamente al principio general del derecho civil propio, obtenido mediante el mecanismo de la analogía iuris, que está implícito en el espíritu del propio art. 4 de la CDCIB, según su propia Exposición de Motivos, y expresado en el art. 9.2 LPE, que ejercerá la función interpretar e integrar la Compilación, en el sentido de establecer que el **trabajo para la familia, como forma de contribuir a las cargas del matrimonio, no genera un derecho a la compensación con carácter absoluto. Se genera este derecho si queda acreditado que el cónyuge que se ha dedicado al trabajo para la familia ha sufrido un detrimento en su patrimonio o en sus expectativas profesionales que sea consecuencia directa de esa dedicación, mientras que, correlativamente, el cónyuge que se ha dedicado al desempeño de una actividad laboral o profesional ha visto incrementado de modo importante su patrimonio,** también como consecuencia de que su consorte ha desempeñado esas tareas para la familia de ambos; constituyendo la compensación un mecanismo para evitar el enriquecimiento injusto».

|| La figura de la compensación en Cataluña

El Código Civil Catalán también recoge la figura de la compensación, si bien condicionada, en este caso, y a diferencia de lo que ocurre en los casos que resulte de aplicación el Código Civil, a la **existencia de un incremento patrimonial.** Así lo dispone el **artículo 232-5 del CCC**, precepto regulador de la compensación económica por razón de trabajo:

«1. En el régimen de separación de bienes, **si un cónyuge ha trabajado para la casa sustancialmente más que el otro,** tiene derecho a una compensación económica por esta dedicación siempre y cuando en el momento de la extinción del régimen por separación, divorcio, nulidad o muerte de uno de los cónyuges o, en su caso, del cese efectivo de la convivencia, el otro haya obtenido un incremento patrimonial superior de acuerdo con lo establecido por la presente sección.

2. Tiene derecho a compensación, en los mismos términos establecidos por el apartado 1, el **cónyuge que ha trabajado para el otro sin retribución o con una retribución insuficiente.**

3. Para determinar la cuantía de la compensación económica por razón de trabajo, debe tenerse en cuenta la duración e intensidad de la dedicación, teniendo en cuenta los años de convivencia y, concretamente, en caso de trabajo doméstico, al hecho que haya incluido la crianza de hijos o la atención personal a otros miembros de la familia que convivan con los cónyuges.

4. La compensación económica por razón de trabajo tiene como límite la cuarta parte de la diferencia entre los incrementos de los patrimonios de los cónyuges, calculada de acuerdo con las reglas establecidas por el artículo 232-6. Sin embargo, si el cónyuge acreedor prueba que su contribución ha sido notablemente superior, la autoridad judicial puede incrementar esta cuantía.

5. En caso de extinción del régimen de separación por muerte, el cónyuge superviviente puede reclamar la compensación económica por razón de trabajo como derecho personalísimo, siempre y cuando los derechos que el causante le haya atribuido, en la sucesión voluntaria o en previsión de su muerte, o los que le correspondan en la sucesión intestada, no cubran el importe que le correspondería».

Conforme a lo expuesto, resulta que el Código Civil Catalán establece el derecho a la compensación como un **mecanismo corrector del desequilibrio entre los patrimonios de los cónyuges,** y cuyo derecho de percepción nace cuando uno de los cónyuges justifica que se ha dedicado sustancialmente más que el otro al cuidado de la familia y del hogar (art. 232-5.1 del Código Civil de Cataluña), o sin remuneración o con una remuneración insuficiente (art. 232-5.2 del CCC), sin participar en el negocio lucrativo del otro, de manera que el cónyuge acreedor ha obtenido un patrimonio exclusivamente privativo, en aquellas uniones contraídas bajo el régimen económico matrimonial de la separación de bienes (pueden consultarse en este sentido las **sentencias del Tribunal Superior de Justicia de Cataluña n.º 69/2014, de 30 de octubre, ECLI:ES:TSJCAT:2014:10734, y n.º 49/2017, de 26 de octubre, ECLI:ES:TSJCAT:2017:8457,** entre otras).

Asimismo, tal y como se ha señalado en la **sentencia del Tribunal Superior de Justicia de Cataluña n.º 34/2020, de 26 de octubre,** «es presupuesto para la compensación **que uno de los cónyuges o miembro de la pareja haya trabajado para la casa sustancialmente más que el otro o bien que haya trabajado para el otro sin remuneración o con una que sea insuficiente** y que en el **momento de la extinción** de la convivencia se hayan producido o generado **excedentes acumulables** en el patrimonio de uno de los cónyuges o miembros de la pareja, configurado como un **elemento objetivo,** declarándose por la más autorizada doctrina que la reforma gravita sobre la descompensación de las ganancias entre ambos cónyuges con un **límite** que no se relaciona con el enriquecimiento sino con un **porcentaje de la diferencia entre las ganancias**», a lo que añade que «el trabajo para la casa y el cuidado de los hijos **no necesariamente debe ser en exclusiva** y así lo hemos establecido en alguna de las sentencias de contraste que se citan en el recurso y en las SSTSJCat 56/2018 de 21 de junio o 39/2019 de 30 de mayo, cuando la dedicación de uno de los cónyuges al hogar y a la atención de los hijos ha sido más intensa y relevante que la del otro».

En resumen y conclusión, la figura de la compensación regulada por el Código Civil Catalán requiere que se haya producido un **incremento patrimonial que se traduzca en una situación de desequilibrio entre las economías de uno y otro cónyuge,** pues la compensación económica por razón del trabajo abandona toda referencia a la compensación como remedio sustitutorio del enriquecimiento injusto y **se fundamenta en el desequilibrio que se produce entre las economías de los cónyuges** por el hecho de que uno desarrolle una tarea que no genera excedentes acumulables y el otro realice otra que sí los genera véase en este sentido la **SAP de Barcelona n.º 577/2021, de 27 de octubre, ECLI:ES:APB:2021:12507.**

|| La figura de la compensación en Navarra

Hasta la reforma introducida por la Ley Foral 21/2019 de 4 de abril, de modificación y actualización de la Compilación del Derecho Civil Foral de Navarra o Fuero Nuevo, el ordenamiento navarro no contemplaba derecho a la compensación. Sin embargo, y a tenor de la referida modificación, dentro de las disposiciones contenidas en la **Ley 1/1973, de 1 de marzo, por la que se aprueba la Compilación del Derecho Civil Foral de Navarra,** encontramos que, a fecha de la presente, **la Ley 101 contempla dos tipos de compensación,** a saber:

a) Compensación por el trabajo realizado para la familia. Dispone la Ley 101 de la Compilación del Derecho Civil Foral de Navarra, en su apartado 5.º, lo siguiente:

> «Cuando el **trabajo realizado para la familia** por un cónyuge de forma personal y no retribuida determine un **exceso en la contribución a los gastos del matrimonio** que proporcionalmente le corresponda en relación con lo aportado económica y personalmente por el otro, deberá ser compensado en el momento de la extinción del régimen.
>
> **Para determinar la cuantía de la compensación** se tendrá en cuenta, dentro del nivel económico y circunstancias de la familia, los años de matrimonio, la duración e intensidad de la dedicación y la atención personal a los hijos y a otros miembros de la familia que convivan con los cónyuges».

CUESTIÓN

¿Qué debemos entender por gastos de matrimonio?

Encontramos una conceptualización de lo que, conforme al ordenamiento jurídico navarro, debemos entender por gastos de matrimonio, a través de la Ley 80 de la Compilación del Derecho Civil Foral de Navarra, precepto que establece que los gastos del matrimonio son «... todos los que sean necesarios para el sostenimiento de la familia, en atención a su nivel económico y a los miembros que en cada momento convivan en ella, y ya sean de carácter ordinario o extraordinario».

---

b) Compensación por el trabajo realizado por uno de los cónyuges en las actividades empresariales o profesionales del otro. De acuerdo con el contenido del apartado 6 de la Ley 101 de la Compilación de Derecho Civil Foral de Navarra, cuando uno de los cónyuges hubiera realizado **trabajo en las actividades empresariales o profesionales del otro,** tendrá derecho a una compensación proporcional al trabajo realizado, cuando el mismo no haya sido objeto de retribución o lo haya sido con retribución insuficiente, y ello con **independencia de los reembolsos debidos por excesos en el deber de contribución a las cargas del matrimonio.**

|| La figura de la compensación en la Comunidad Valenciana

Por su parte, tal y como hemos puesto de manifiesto en el apartado «Fijación del régimen de separación de bienes», la **sentencia del TC n.º 82/2016, de 28 de abril, ECLI:ES:TC:2016:82,** declara la inconstitucionalidad de la Ley de las Cortes Valencianas 10/2007, de 20 de marzo, de régimen económico matrimonial valenciano (al entender que la referida ley autonómica fue dictada en una materia no integrada en el acervo normativo o consuetudinario del derecho civil histórico valenciano), no podemos hablar de la existencia de una legislación propia en este sentido, por lo que, en aquellos supuestos en que los cónyuges, con vecindad civil valenciana, se encuentren casados en régimen de separación de bienes, deberá atenderse a las reglas que para la figura de la compensación recoge el derecho civil común (véase el apartado sobre «El derecho a compensación del artículo 1438 del Código Civil»).

2.4. La reconciliación de los cónyuges

¿Se verá afectado el régimen económico estipulado por los cónyuges en caso de que estos se separasen y luego se reconciliasen?

Para dar un razonamiento lógico y justificado a la respuesta dada, hemos de partir significando que, tal y como pone de manifiesto la **sentencia del Tribunal Supremo, rec. 3163/2005, de 26 de octubre de 2006, ECLI:ES:TS:2006:7499**, el matrimonio como institución es algo que no solo concierne a quienes lo contraen, sino que también afecta al ordenamiento jurídico en general, por lo que debe tener su adecuada forma de celebración y su correspondiente publicidad, a fin de que surta plenos efectos jurídicos. Por ello, ocurre que **dictada sentencia o decreto firme de separación de bienes o, en su caso, escritura pública que la formalice, la reconciliación, si bien, deja sin efecto los efectos personales derivados de la separación de los cónyuges —a diferencia de lo que ocurre con el divorcio—, no lo hará con respecto a los efectos patrimoniales.**

Así se deduce del contenido expresado por el legislador en el artículo 1443 del Código Civil, precepto que establece que **la separación de bienes que hubiera sido decretada entre los cónyuges no se alterará por la reconciliación**:

> «La separación de bienes decretada no se alterará por la reconciliación de los cónyuges en caso de separación personal o por la desaparición de cualquiera de las demás causas que la hubiesen motivado».

De esta forma, **la reconciliación no restaura el régimen económico del matrimonio anterior** a la sentencia de separación de bienes o decreto firme de separación, o en virtud de escritura pública que formalice el convenio regulador, por lo que, de pretenderse por los cónyuges que su matrimonio se vuelva a regir por las mismas reglas que antes de la separación de bienes, será necesario que los cónyuges **lo acuerden así en capitulaciones matrimoniales,** tal y como señala el artículo 1444 del Código Civil:

> «No obstante lo dispuesto en el artículo anterior, los cónyuges pueden acordar en capitulaciones que vuelvan a regir las mismas reglas que antes de la separación de bienes.
> Harán constar en las capitulaciones los bienes que cada uno aporte de nuevo y se considerarán éstos privativos, aunque, en todo o en parte, hubieren tenido carácter ganancial antes de la liquidación practicada por causa de la separación».

A este respecto, resulta de interés traer a colación la respuesta dada por la sala de la **Audiencia Provincial de Alicante** que en su sentencia n.º **273/2019, de 10 de mayo, ECLI:ES:APA:2019:1284**, en la que los magistrados ponen de manifiesto que, como se ha expuesto previamente, la reconciliación no conlleva una restauración del régimen económico anterior a la separación, señalándose, no obstante, la posibilidad de que los cónyuges puedan, a partir de la reconciliación, acordar en capitulaciones matrimoniales el régimen económico que consideren oportuno.

Así, pueden pactar que vuelvan a regir las mismas reglas que regían en el matrimonio antes de la separación de bienes, en cuyo caso, deberán dejar constancia, en las capitulaciones matrimoniales, de los bienes que cada uno aporte de nuevo, teniendo éstos consideración de privativos (y ello aun en el caso de que los cónyuges hubieran estado casados en régimen ganancial y hubieren tenido los bienes tal carácter antes de la liquidación practicada por causa de la separación). Si bien, y en lo que aquí nos interesa, cabe advertir que, aunque los cónyuges que casados en régimen de separación de bienes procedan tras su reconciliación a otorgar de nuevo capitulaciones matrimoniales, no estarán reanudando el régimen de separación de bienes acordado por causa de la separación, es decir, **no se tratará de una reanudación del régimen, sino que lo que se hace, es establecerlo *ex novo*.** Esto es, el efecto de la disolución del régimen de separación de bienes por la sentencia o decreto firme de separación, o, en virtud de escritura pública que formalice el convenio regulador, **se mantendrá tras una posterior reconciliación entre las partes, sin perjuicio, eso sí, de lo que pudieran pactar con posterioridad en capitulaciones matrimoniales al amparo de lo previsto en el artículo 1444 del Código Civil.**

También es interesante la **sentencia de la Audiencia Provincial de Badajoz n.º 134/2020, de 1 de septiembre, ECLI:ES:APBA:2020:974**, que reza:

> «Concluyendo, la reconciliación de los cónyuges separados no renueva el régimen económico de gananciales anterior, pues se disolvió, ni genera automáticamente un nuevo régimen de gananciales por aplicación del artículo 1.316 del Código Civil «A falta de capitulaciones o cuando éstas sean ineficaces, el régimen será el de la sociedad de gananciales.», sino un régimen de absoluta separación de bienes, de modo que si los cónyuges desean regirse por el régimen económico de gananciales, deberán otorgar capitulaciones matrimoniales, pero los bienes que uno adquiere con posterioridad tendrán carácter privativo y no ganancial, salvo que expresamente pacten lo contrario, no siendo equiparable la convivencia a ningún otro régimen que atribuya la necesidad de otorgar la mitad de los bienes adquiridos a persona alguna con quien se comparta la misma.
>
> Ahora bien, este régimen de absoluta separación de bienes, no excluye que pueda existir una comunidad de bienes sobre distintos elementos patrimoniales por haberse adquirido en esa calidad, quedando meridianamente claro que en el caso analizado, cuando las partes litigantes suscribieron nuevos derechos y obligaciones, el régimen legal económico que regía, aún a pesar de que estuvieran en un primer momento reconciliados tácitamente y en forma privada, y posteriormente, de forma expresa y a través de resolución judicial, era el de separación de bienes, no cabe, en consecuencia, poder entender que esas adquisiciones tuvieran el carácter de ganancial, por lo ya dicho».

3.
DIFERENCIAS ENTRE LA SEPARACIÓN DE BIENES Y LA SOCIEDAD DE GANANCIALES

Separación de bienes versus sociedad de gananciales

A diferencia de lo que ocurre bajo el régimen de separación de bienes, mediante el que cada cónyuge conservará la propiedad y administración de sus propios bienes, en la denominada sociedad de gananciales se hacen comunes, entre uno y el otro de los cónyuges, las ganancias o beneficios obtenidos durante el matrimonio, formándose, en consecuencia, una «masa común» para ambos cónyuges, que coexistirá junto a los bienes privativos de cada uno de ellos.

En este sentido, ya indicábamos en el apartado relativo a «El régimen de separación de bienes. Concepto y regulación», que es a través del **título III del libro IV del Código Civil,** donde nuestro ordenamiento jurídico regula los efectos de los distintos regímenes matrimoniales, dedicando, en lo que aquí nos interesa, los artículos 1344 a 1410 del citado texto legal a la regulación de la sociedad gananciales, contemplándose en los preceptos 1435 a 1444, los efectos que resultarán de aplicación en caso de que el régimen elegido sea el de separación de bienes.

De la lectura del referido articulado pueden fácilmente deducirse, a grandes rasgos, los siguientes **elementos diferenciadores de cada régimen:**

GANANCIALES	SEPARACIÓN DE BIENES
Regulación: arts. **1344 a 1410** del CC.	Regulación: arts. **1435 a 1444** del CC.
Régimen supletorio: **aplicación automática** en defectos de capitulaciones matrimoniales en las que se establezca un régimen distinto (territorios de derecho común).	**Aplicación en virtud de pacto:** necesidad de fijar el régimen a través de capitulaciones matrimoniales (territorios de derecho común).

GANANCIALES	SEPARACIÓN DE BIENES
Coexistencia de **varios patrimonios**: - **Patrimonio privativo de cada cónyuge**: bienes y derechos anteriores a la formalización del matrimonio, los recibidos por herencia y donación constante matrimonio, bienes adquiridos a costa o en sustitución de bienes privativos, etc. - **Patrimonio ganancial**: bienes y derechos obtenidos por el trabajo o industria de los cónyuges, frutos y rentas obtenidos tanto de los bienes privativos como de los gananciales, bienes y derechos adquiridos a título oneroso, etc.	**Separación de patrimonios**: cada cónyuge conservará su propio patrimonio y podrá actuar con plena independencia y libertad en su administración y disposición (salvo lo dispuesto en el art. 1320 del CC).
Posibilidad de que se genere el derecho a una **pensión compensatoria**.	Posibilidad de que se genere el derecho tanto a una **pensión compensatoria** como a la **compensación económica del artículo 1438 del CC**.

Para terminar, cabe hacer explícita mención al **régimen de responsabilidad** que legalmente corresponderá según nos encontremos ante una deuda contraída durante la sociedad de gananciales o en el régimen de separación de bienes.

Respecto a las obligaciones que cada cónyuge contrae **durante la vigencia del régimen de separación de bienes**, ya advertimos en el punto «Las obligaciones de los cónyuges en el régimen de separación de bienes», que estas serán de su **exclusiva responsabilidad** concurriendo una única **excepción**, relativa a las obligaciones contraídas en el ejercicio de la potestad doméstica (artículo 1440 del CC), deudas respecto de las que responderán **solidariamente** los bienes **comunes y los del cónyuge que contraiga la deuda y, subsidiariamente, los del otro cónyuge**.

Por su parte, respecto de las obligaciones contraídas por los cónyuges durante la vigencia de la sociedad de gananciales, es en los artículos 1365 a 1372 del Código Civil donde nuestro legislador aclara qué es lo que ocurrirá con las obligaciones contraídas por estos durante la vigencia del matrimonio en el referido régimen, señalándose en estos supuestos, los siguientes tipos de responsabilidad:

a) **Directa**:

Artículo 1365 del Código Civil

«Los bienes gananciales responderán directamente frente al acreedor de las deudas contraídas por un cónyuge:
1.º En el ejercicio de la potestad doméstica o de la gestión o disposición de gananciales, que por ley o por capítulos le corresponda.

2.° En el ejercicio de la profesión, arte u oficio o en la administración ordinaria de los propios bienes».

b) Solidaria:

Artículo 1369 del Código Civil

«De las deudas de un cónyuge que sean, además, deudas de la sociedad responderán también solidariamente los bienes de ésta».

c) Subsidiaria:

Artículo 1373 del Código Civil

«Cada cónyuge responde con su patrimonio personal de las deudas propias y, si sus bienes privativos no fueran suficientes para hacerlas efectivas, el acreedor podrá pedir el embargo de bienes gananciales, que será inmediatamente notificado al otro cónyuge y éste podrá exigir que en la traba se sustituyan los bienes comunes por la parte que ostenta el cónyuge deudor en la sociedad conyugal, en cuyo caso el embargo llevará consigo la disolución de aquélla.

Si se realizase la ejecución sobre bienes comunes, se reputará que el cónyuge deudor tiene recibido a cuenta de su participación el valor de aquéllos al tiempo en que los abone con otros caudales propios o al tiempo de liquidación de la sociedad conyugal».

4.
LIQUIDACIÓN DEL RÉGIMEN DE SEPARACIÓN DE BIENES

¿Cómo se liquida el régimen de separación de bienes?

De acuerdo con el **artículo 806 de la Ley de Enjuiciamiento Civil**:

> «**La liquidación de cualquier régimen económico matrimonial** que, por capitulaciones matrimoniales o por disposición legal, determine la existencia de una masa común de bienes y derechos sujeta a determinadas cargas y obligaciones se llevará a cabo, en defecto de acuerdo entre los cónyuges, con arreglo a lo dispuesto en el presente capítulo y a las normas civiles que resulten aplicables».

Si bien, cuando los cónyuges se rijan por un régimen de separación de bienes, en principio no deberían producirse problemas de atribución de bienes, ya que los patrimonios están claramente fijados, por lo que, la discusión se centrará en los bienes que los cónyuges adquirieron en común.

Diferenciamos dos tipos de liquidación:

- Convencional.
- Judicial.

4.1. Liquidación convencional de la separación de bienes

Liquidación de la separación de bienes por pacto entre los cónyuges

‖ ¿Se puede pactar en documento privado la liquidación del régimen de separación de bienes?

Los cónyuges, en previsión de futuras situaciones de crisis matrimonial (separación o divorcio) y en ejercicio de su autonomía privada, de acuerdo con el artículo 1255 del Código Civil, **pueden celebrar convenios sobre cuestiones susceptibles de libre disposición, entre las que se encuentran las económicas y patrimoniales.** Estos acuerdos son auténticos negocios jurídicos de derecho de familia, tal y como señala la **sentencia del Tribunal Supremo n.º 325/1997, de 22 de abril, ECLI:ES:TS:1997:2817,** la cual dispone que los acuerdos entre cónyuges son auténticos negocios jurídicos y tienen carácter contractual, por lo que para su validez han de concurrir los requisitos estructurales establecidos por la ley con carácter general (art. 1261 del CC):

- Consentimiento de los contratantes.

- Objeto cierto que sea materia de contrato.

- Causa de la obligación que establezca además del cumplimiento *ad solemnitatem* o *ad sustantiam* para determinados actos de disposición.

Por lo tanto, se trata de una **manifestación del libre ejercicio de la facultad de autorregulación de las relaciones privadas** que no está condicionada en su validez y fuerza vinculante *inter partes* a la aprobación y homologación judicial, reconocida por numerosas sentencias, entre otras, las **sentencias del Tribunal Supremo n.º 1183/1998, de 21 de diciembre, ECLI:ES:TS:1998:7768** y la **n.º 195/1995, de 7 de marzo, ECLI:ES:TS:1995:1320.**

También es de interés al respecto, la **sentencia del Tribunal Supremo n.º 837/2023, de 29 de mayo, ECLI:ES:TS:2023:2400,** en la que se analiza un supuesto en el que existía un documento privado suscrito por las partes del que resulta la voluntad efectiva e inequívoca de ambos esposos de romper la relación conyugal. Si bien, señala la citada sentencia, **a través de este documento privado no se puede disolver el régimen económico matrimonial,** ya que sería necesario otorgar capitulaciones matrimoniales en escritura pública, **pero ese convenio de separación, que incluía en este caso compromisos económicos** a cargo del esposo respecto de las hijas comunes, la atribución del uso de la vivienda ganancial, así como el pago de una pensión compensatoria a favor de la esposa, **se debe valorar, como revelador de una voluntad de separación seria y prolongada en el tiempo de manera mutuamente consentida,** lo que tendrá que tomarse en consideración a la hora de la liquidación del régimen matrimonial.

Asimismo, la **sentencia del Tribunal Supremo n.º 572/2015, de 19 de octubre, ECLI:ES:TS:2015:4175,** señala:

> «Fruto de ese acuerdo, por la causa que se expone, fue la transmisión del bien litigioso, fundamento de la acción que se ejercita.
>
> Consecuencia del planteamiento que antecede es que **la cuestión jurídica que late en el pleito no es el carácter privativo del bien,** conforme al artículo 1437 del Código Civil, sobre el que no cabría debate, ni sobre el alcance del artículo 1324 del mismo Texto legal, **sino la de la validez de los contratos entre cónyuges, y más concretamente si es para ordenar su vida patrimonial a causa de su crisis matrimonial.**
>
> El artículo 1323 proclama el principio de libre contratación entre cónyuges, con una mayor amplitud tras la reforma que en derecho de familia supuso la Ley de 13 mayo 1981.

Así lo ha venido reconociendo la Sala que en sentencia, entre otras, de 19 de diciembre 1997 afirma que **"los propios interesados podrán trasmitirse cualquier tipo de bienes, celebrando toda clase de contratos y esta transmisión no sólo operará sobre bienes de la exclusiva pertenencia de uno de ellos (...)"** y la de 25 de mayo de 2005 reitera que "los cónyuges pueden celebrar entre sí toda clase de contratos (artículo 1323) (...)"».

CUESTIÓN

¿Es válido un reparto futuro de bienes *pro indiviso* acordado entre los cónyuges casados en régimen de separación de bienes?

Sí, en este sentido la **sentencia de la Audiencia Provincial de Almería n.º 3/2014, de 15 de enero, ECLI:ES:APAL:2014:42**, se pronuncia en los términos siguientes:

«(...) se anticipa por la Sala que no se aprecia error valorativo alguno en la apreciación conjunta de la documental e interrogatorio de partes sobre los extremos controvertidos; como resalta la sentencia de instancia y se comprueba a través del acta en soporte videográfico del juicio reproducido ante la Sala, la demandada expresamente reconoce en su interrogatorio la firma y contenido del acuerdo de 28/10/96 (documento 7, folio 81 de los autos) *plasmado en documento privado y en el que, entre otras cuestiones, los entonces cónyuges sujetos a un régimen de separación de bienes desde el 19/11/84, dentro de su autonomía de voluntad y en el marco del art 1255 del Código Civil*, sin limitación alguna, *deciden y acuerdan un reparto y adjudicación de bienes* que, en lo que afecta a la vivienda de Roquetas, es común en pro indiviso aun cuando no sea ganancial, primero, de su uso durante 9 años a contar desde su fecha y luego, de su propiedad en los términos de la cláusula 4 que se da por reproducida en la sentencia; la casa del Escorial para la esposa y la casa de Roquetas para el actor y ello, trascurridos los 9 años desde su firma «en propiedad total» y a fin de que «esa vivienda en su día sea inscrita a su nombre»; referido pacto no es más que un acuerdo para disolver el condominio de un bien común en pro indiviso que los cónyuges adquirieron el 9/1/1990 (documento 2, folio 96 y ss.) *bajo el régimen de separación de bienes y con un objeto a los efectos del art 1261 del Código Civil, claro y determinado, un bien del que ambos son titulares en régimen de comunidad ordinaria del art. 392 y ss. del citado texto y sobre el que libremente deciden disponer de su uso durante 9 años y de su propiedad transcurrido el plazo, pactando una forma de extinción del condominio en el marco del art. 400 y art. 402 del Código Civil*. Como acertadamente señala la resolución de instancia, el hecho de que ese pacto sea en documento privado no es óbice para su validez y plena eficacia entre los contratantes a tenor del art. 1225 del Código Civil y art. 326 de la LEC, dando por reproducida la jurisprudencia citada al efecto, pues en nuestro derecho rige el principio de libertad de forma ex art 1278 —salvo supuestos excepcionales no concurrentes— y *el acuerdo de reparto y adjudicación de un bien común en documento privado posterior a la escritura pública de adquisición de ese bien en pro indiviso, no es más que una facultad inherente al condominio con una causa lícita y que de forma subjetiva, explica de forma coherente el actor en la vista; se trataba de resolver la situación de crisis matrimonial o separación de hecho*».

Una vez aclarado que los pactos liquidatorios incluidos en documentos privados suscritos entre cónyuges tienen plena eficacia y validez, la siguiente cuestión a resolver será **¿cómo podremos exigir el efectivo cumplimiento de esos pactos liquidatorios?** Al tratarse de un documento privado que no tiene carácter ejecutivo tendremos que presentar una demanda de juicio ordinario donde solicitaremos la declaración de validez de dicho documento privado.

Pero ¿a qué juzgado dirigiremos la demanda? Esta pregunta la responde la **sentencia de la Audiencia Provincial de Barcelona n.º 91/2014, de 20 de febrero, ECLI:ES:APB:2014:1393**, que establece que:

> «(...) un convenio regulador carente de homologación judicial es perfectamente válido y eficaz en tanto que «negocio jurídico de derecho de familia», fruto de la amplia autonomía negocial de los consortes en conflicto sobre todo en materia estrictamente patrimonial (SSTSJ de 19 de julio de 2004 y 18 de septiembre de 2008, con apoyo en la doctrina emanada de las SSTS de 22 de abril de 1997 y 15 de febrero de 2002). **Pero lo verdaderamente relevante, a los efectos competenciales que nos ocupan, es que esa doctrina no determina que la fuerza de obligar de tales negocios de derecho de familia deba ser hecha valer en un proceso matrimonial** y ante el órgano de 1.ª Instancia especializado al que corresponda el conocimiento de esa clase de procesos por imperativo de los artículos 769.1 y 775.1 LEC, salvo que contenga un tipo de medida o acuerdo que imperativamente haya de ser ventilado por ese conducto y ante esos órganos».

Si bien, **no todos los documentos privados que contengan acuerdos entre los cónyuges serán válidos**, a modo de ejemplo la **sentencia del Tribunal Supremo n.º 147/2004, de 2 de marzo, ECLI:ES:TS:2004:1423, consideró ineficaz un documento privado** en el que se acordaba la división de bienes entre ambos litigantes, cuyo régimen económico matrimonial era el de separación de bienes. Como prueba de dicho acuerdo, se aportó una cuartilla escrita a bolígrafo con dos columnas bajo las respectivas menciones «ÉL» y «ELLA». La sentencia de apelación entendió que el documento litigioso no contenía sino una mera oferta o proyecto contractual que en realidad no había sido aceptado en su momento por la actora, porque esta solo lo había presentado con su aceptación al iniciarse el litigio, es decir, después de dictarse sentencias firmes de separación y divorcio en las que se resolvía sobre el uso de los pisos de forma opuesta a lo consignado en el referido documento privado.

Introducción de la liquidación del régimen de separación de bienes en el convenio regulador

El convenio regulador es, como ya hemos aclarado en líneas anteriores, «un negocio jurídico de derecho de familia que, de acuerdo con la autonomía de la voluntad de los afectados, puede contener tanto pactos típicos, como atípicos» (**sentencia del Tribunal Supremo n.º 233/2012, de 20 de abril, ECLI:ES:TS:2012:2906**); en él intervienen los particulares y la autoridad judicial, y tiene por finalidad regular los efectos de las situaciones de crisis del matrimonio, incluyendo, a este respecto, «una serie de pactos entre los cónyuges, cuyo contenido mínimo está integrado por las medidas relativas a la guardia y custodia, régimen de visitas, atribución del uso de la vivienda familiar, alimentos, cargas del matrimonio, **liquidación del régimen económico matrimonial** y pensión compensatoria» *(Diccionario Español Jurídico de la RAE y CGPJ).*

Si bien, como señala la **sentencia del Tribunal Supremo n.º 325/1997, de 22 de abril, ECLI:ES:TS:1997:2817**, se pone de relieve que en las situaciones de crisis matrimonial pueden coincidir tres tipos de acuerdos:

1. **Convenio:** en principio y en abstracto, como ya hemos señalado, es un negocio jurídico de derecho de familia.

2. **Convenio regulador:** es aprobado judicialmente y es integrado en la resolución judicial, con toda la eficacia procesal que ello conlleva.

3. **Convenio aprobado judicialmente:** tiene eficacia correspondiente a todo negocio jurídico, tanto más si contiene una parte ajena al contenido mínimo que prevé el artículo 90 del Código Civil.

El **artículo 90 del Código Civil** señala en su apartado 1 letra e) que el convenio regulador deberá contener, al menos y siempre que fueran aplicables, entre otros, **la liquidación, cuando proceda, del régimen económico del matrimonio.**

Sin embargo, en el caso de liquidación de un régimen económico matrimonial de separación de bienes, no siempre aprueban mediante homologación judicial la cláusula liquidatoria, pues entienden, como es el caso de la **sentencia de la Audiencia Provincial de Málaga n.º 714/2015, de 12 de noviembre, ECLI:ES:APMA:2015:3569,** que «cuando el legislador establece en la letra d) del citado artículo 90 que el convenio regulador deberá contener la liquidación "cuando proceda" del régimen económico, la expresión "cuando proceda" del régimen económico **viene referida a los supuestos en que exista un régimen de comunidad más o menos acentuado**, o dicho de otra forma en la medida **que no exista un régimen de separación**, de modo que con referencia a la tipología legal de regímenes matrimoniales, la aludida previsión se halla especialmente indicada cuando nos hallamos en presencia del régimen de gananciales o de participación».

No obstante, la mayoría de los pronunciamientos aprueban la liquidación de los bienes *pro indiviso* de los cónyuges incluida en el convenio regulador, entre otras, la **sentencia de la Audiencia Provincial de Madrid n.º 117/2015, de 5 de febrero, ECLI:ES:APM:2015:4070,** que señala que **la relación de bienes pertenecientes a los cónyuges por mitad y *pro indiviso* que se incorporan en el convenio, es una materia que entra dentro del contenido previsto en el artículo 90 del Código Civil,** cuando en su apartado e) se refiere a la liquidación, cuando proceda, del régimen económico del matrimonio. Siendo que la existencia de bienes comunes y su listado es una teoría propia del convenio regulador de interés para las partes y que no contraviene los límites legalmente previstos, en cuanto no resultan dañosos ni gravemente perjudiciales para uno de los cónyuges.

En el mismo sentido, la **sentencia de la Audiencia Provincial de Barcelona n.º 287/2012, de 25 de abril, ECLI:ES:APB:2012:3596:** «Se revoca la decisión de no aprobar la totalidad del convenio por la inclusión en él de la división de bienes bajo el argumento de que ello no es posible en el marco procesal del divorcio».

Pero **¿qué ocurre cuando se pretende liquidar bienes que son propiedad exclusiva de uno de los cónyuges?** Sobre este particular cabe traer a colación, a modo de ejemplo, la ya mencionada **sentencia de la Audiencia Provincia de Málaga n.° 714/2015, de 12 de noviembre, ECLI:ES:APMA:2015:3569**, que señala: «que entre los efectos de la separación o divorcio a estipular en Convenio regulador se contempla la liquidación, cuando proceda, del régimen económico matrimonial. En el presente caso el régimen económico matrimonial es el de separación de bienes. Así, pertenecen a cada cónyuge los bienes que tuviera antes del matrimonio y los que adquiera una vez celebrado el matrimonio por cualquier Título ya sea a título oneroso o gratuito y en la liquidación el cónyuge seguirá conservando la propiedad de sus bienes y se procederá al reparto de los bienes comunes, si los hubiera. De modo que, siendo los bienes a los que se refiere el convenio, privativos de un cónyuge, no cabe la aprobación de la liquidación que se pretende realizar en el apartado sexto del convenio».

|| Inscripción del convenio regulador en el Registro de la Propiedad

Cabe mencionar la **resolución de 22 de mayo de 2019 de la Dirección General de Seguridad Jurídica y Fe Pública** que indica que, según reiterada doctrina, **la calificación registral no entra en el fondo de la resolución judicial** (por ejemplo, un decreto del letrado o letrada de la Administración de Justicia), **ni en la validez del convenio regulador aprobado judicialmente**, sino en si tal convenio constituye o no título inscribible para la práctica del asiento registral teniendo en cuenta los aspectos susceptibles de calificación registral.

Por lo tanto, **es inscribible el convenio regulador sobre liquidación del régimen económico-matrimonial que conste en testimonio judicial acreditativo del convenio,** siempre que haya sido aprobado por la sentencia que acuerda la nulidad, separación o el divorcio.

En conclusión, en el régimen de separación de bienes es posible que en algunas ocasiones la liquidación sea innecesaria, pero puede ocurrir que exista un patrimonio activo común que no se desea seguir compartiendo o deudas por las que no se desea seguir respondiendo, por lo que, tal y como señala la **resolución de 21 de enero de 2006 de la Dirección General de Seguridad Jurídica y Fe Pública**: «el régimen de separación de bienes es de primer grado en buena parte del territorio nacional y que los convenios de separación y divorcio que a ellos se refieren son tan ordinarios como aquellos que se refieren a cónyuges casados en régimen de gananciales en territorio común. En consonancia con este carácter, convenios relativos al régimen de separación de bienes son pactados y aprobados judicialmente todos los días sin que se cuestione si son contenido normal del convenio regulador».

4.2. Liquidación judicial de la separación de bienes

Liquidación de la separación de bienes por resolución judicial

> ¿Puede liquidarse el régimen de separación de bienes siguiendo los trámites de los artículos 806 y siguientes de la Ley de Enjuiciamiento Civil?

En primer lugar, cabe señalar que, **en el régimen de separación absoluta de bienes, no existe una masa patrimonial común pendiente de liquidación.** No es que un bien integre una masa patrimonial en una forma de comunidad o de sociedad de gananciales que haya que atribuir privativamente a los cónyuges, sino que existe un bien que ya les pertenece privativamente, pero en régimen de comunidad ordinaria y cuya división se pretende. Por lo tanto, y tal y como señala la **sentencia de la Audiencia Provincial de Ciudad Real n.º 284/2014, de 27 de noviembre, ECLI:ES:2014:1329,** existe una doctrina y jurisprudencia mayoritaria que determinan la **inadecuación** del procedimiento contenido en los **artículos 806** y siguientes de la Ley de Enjuiciamiento Civil, ya que no cabe confundir la liquidación del régimen matrimonial, o patrimonio o masa común, con la división de bienes *pro indiviso* adquiridos por ambos cónyuges.

En este mismo sentido se pronuncia el **auto de la Audiencia Provincial de Madrid n.º 200/2011, de 11 de noviembre, ECLI:ES:APM:2011:14494A,** que reza el tenor literal siguiente:

> «Esta comunidad de tipo romano o por cuotas, no es la que se prevé en el artículo 806 CC, reservado a la comunidad germánica donde ambos cónyuges son propietarios de una masa indiferenciada de bienes, sin posibilidad de ejercer un derecho de disposición sobre una cuota o respecto a bienes concretos o parte de ellos, algo propio del régimen de sociedad de gananciales al que la norma principalmente se destina. Por eso, cuando el artículo 807 LEC establece la competencia para conocer sobre el procedimiento de liquidación, se refiere al que se indica en el artículo 806, es decir, cuando el régimen económico matrimonial determina la existencia de una masa común de bienes y derechos, pero no cuando tal masa común no existe y cada cónyuge es propietario de los bienes adquiridos, supuesto donde la concurrencia de dominio sobre algunos de ellos deberá decidirse a tenor de las normas sobre división de la cosa común prevista en el artículo 402 CC, cuya competencia es ajena a las que se atribuye a los Tribunales de Familia (...)».

A sensu contrario, la **sentencia de la Audiencia Provincial de Álava n.º 454/2019, de 11 de junio de 2019, ECLI:ES:APVI:2019:618,** afirma que el régimen contemplado en los artículos 806 y siguientes de la Ley de Enjuiciamiento Civil es común a la liquidación de todos los regímenes económico-matrimoniales. Esta sentencia no exceptúa la separación de bienes ni las cargas derivadas del matrimonio celebrado en este régimen de la aplicación de los artículos analizados, y la misma recalca que los referidos preceptos son claros, así como la jurisprudencia que los interpreta: «[...] **la liquidación de la masa común de bienes y derechos, sea cual sea el régimen económico matrimonial, deberá solicitarse en el mismo juzgado que haya conocido del divorcio**, resultando indiferente que tengan en común inmuebles, cuentas corrientes, negocios y rendimientos derivados de estos». En este mismo sentido, la **sentencia del Tribunal Supremo n.° 703/2015, de 21 de diciembre, ECLI:ES:TS:2015:5760**, establece que «**el procedimiento adecuado para las reclamaciones entre cónyuges por razón de su régimen económico matrimonial, tras la disolución de este, es lo establecido en los artículos 806 a 811 de la LEC, y no el declarativo correspondiente a la cuantía**».

Otra parte de la doctrina entiende que el cauce procesal contemplado en los ya mencionados artículos 806 y siguientes de la LEC queda legalmente constreñido a aquellos **regímenes en los que existe un consorcio de bienes y obligaciones sujetos a determinadas cargas y obligaciones matrimoniales**, por lo que, podría encajar perfectamente en dicho cauce procesal el régimen de separación de bienes, pero ello siempre que en las capitulaciones a efecto otorgadas se hubiese establecido, para hacer frente a antedichas cargas, un conjunto de bienes y derechos desligados de los bienes privativos de cada uno de los cónyuges, en este sentido es muy interesante la lectura de la **sentencia de la Audiencia Provincial de Cáceres n.° 22/2014, de 5 de febrero, ECLI:ES:APCC:2014:62**.

Si bien ¿qué podremos entender por cargas familiares? La **sentencia del Tribunal Supremo n.° 713/2012, de 26 de noviembre, ECLI:ES:TS:2012:7943**, señala que la noción de cargas del matrimonio debe identificarse con el sostenimiento de la familia, debiendo ser atendidas tales cargas por ambos cónyuges en cuanto abarcan todas las obligaciones y gastos que exija la conservación y adecuado sostenimiento de los bienes el matrimonio y los contraídos en beneficio de la unidad familiar, considerándose también como contribución el trabajo dedicado por uno de los cónyuges para la atención de los hijos comunes. Pero **no cabe considerar como cargas del matrimonio los gastos generados por ciertos bienes que, aun siendo de carácter común, no son bienes del matrimonio, pues precisamente el régimen económico vigente durante la vigencia del matrimonio ha sido el de separación de bienes que excluye cualquier idea de patrimonio común familiar**. En consecuencia, la normativa aplicable a tales bienes era la propia del régimen general de copropiedad, en concreto, el artículo 393 del Código Civil establece que el concurso de los partícipes en las cargas será proporcional a sus respectivas cuotas, que se presumen iguales.

CUESTIÓN

¿Quién será competente para conocer del procedimiento de liquidación establecido en el art. 806 y siguientes?

La competencia para realizar la división de la cosa común «corresponde al juez de primera instancia que por turno corresponda, mientras que el procedimiento del artículo 806 de la Ley de Enjuiciamiento Civil, corresponde al juez que haya conocido del procedimiento de separación o divorcio de acuerdo con el artículo 807 de la Ley de Enjuiciamiento Civil» (**sentencia de la Audiencia Provincial de Cáceres n.º 22/2014, de 5 de febrero, ECLI:ES:APCC:2014:62**).

Debemos tener en cuenta que el **artículo 807 de la LEC** se ha visto **modificado** por la publicación de la **Ley Orgánica 2/2022, de 21 de marzo,** de mejora de la protección de las personas huérfanas víctimas de la violencia de género, con entrada en vigor el 23/03/2022, pasando a tener la siguiente redacción:

«Será competente para conocer del procedimiento de liquidación el Juzgado de Primera Instancia o Juzgado de Violencia sobre la Mujer que esté conociendo, o haya conocido o hubiera tenido la competencia para conocer del proceso de nulidad, separación o divorcio, o aquel ante el que se sigan o se hayan seguido las actuaciones sobre disolución del régimen económico matrimonial por alguna de las causas previstas en la legislación civil».

A TENER EN CUENTA. Por la reforma realizada por la LO 1/2025, de 2 de enero, una vez implantados de forma efectiva los tribunales de instancia (D.T. 1.ª), todas las referencias realizadas a los juzgados unipersonales se entenderán realizadas a las secciones del orden jurisdiccional correspondiente de los tribunales de instancia. En este caso, el apartado 5 del art. 86 de la LOPJ, en su letra a), atribuye a la Sección de Familia, Infancia y Capacidad la jurisdicción exclusiva y excluyente de las materias «relativas al matrimonio y a su régimen económico matrimonial y las que tengan por objeto la adopción o modificación de medidas de trascendencia familiar y otras acciones derivadas de la crisis matrimonial o de la unión de hecho», y en materia de violencia contra la mujer la competencia se atribuye a la sección de Violencia sobre la Mujer en los términos establecidos en el art. 89 de la LOPJ.

¿Cómo se realiza la liquidación judicial del régimen de separación de bienes?

En caso de que sea admitida la liquidación por los trámites procesales de los artículos 806 y siguientes de la Ley de Enjuiciamiento Civil, concluido el inventario y, en su caso, una vez firme la resolución que declare disuelto el régimen económico matrimonial, cualquiera de los cónyuges o, de haber fallecido, sus herederos podrán solicitar la liquidación de este (**artículo 810.1 de la Ley de Enjuiciamiento Civil**).

La solicitud deberá acompañarse de:

- **Propuesta de liquidación** que incluya el pago de las indemnizaciones y reintegros debidos a cada cónyuge.

- **División del remanente en la proporción que corresponda**, teniendo en cuenta para la formación de los lotes, las preferencias que establezcan las normas civiles aplicables.

Admitida a trámite la referida solicitud de liquidación, el letrado o letrada de la Administración de Justicia señalará, dentro del **plazo de 10 días**, día y hora en que los cónyuges o, de haber fallecido, sus herederos deberán comparecer ante el mismo al objeto de alcanzar un acuerdo o, en su defecto, designar contador y, en su caso, peritos para las prácticas de las operaciones divisorias.

En caso de que uno de los cónyuges o, de haber fallecido, sus herederos no comparezcan en el día y hora señalados, sin mediar causa justificada, se les tendrá conforme con la propuesta de liquidación que efectúe el cónyuge o, de haber fallecido, el heredero que haya comparecido. En este caso, así como cuando, habiendo comparecido ambos cónyuges o, de haber fallecido, sus herederos, lleguen a un acuerdo, se consignará este en el acta y se dará por concluido el acto, llevándose a efecto lo acordado conforme a lo previsto en los dos primeros apartados del artículo 788 de esta ley.

Pero **¿qué ocurrirá si no se logra acuerdo entre los cónyuges o, de haber fallecido, sus herederos sobre la liquidación del régimen económico matrimonial?** En este caso, se procederá mediante diligencia al nombramiento de contador y, en su caso, peritos (arts. 784 y ss. de la LEC).

Las operaciones divisorias deberán presentarse en el **plazo máximo de 2 meses** desde que fueron iniciadas y se contendrán en un escrito firmado por el contador en el que se expresará:

- La **relación de los bienes que formen el caudal partible.**

- El **avalúo de los comprendidos en esa relación.**

- La **liquidación del caudal, su división y adjudicación** a cada uno de los partícipes.

A continuación, el letrado o letrada de la Administración de Justicia dará traslado a las partes de las operaciones divisorias, **emplazándolas por 10 días** para que formulen oposición. Durante este plazo, podrán las partes examinar en la oficina judicial, los autos y las operaciones divisorias y obtener a su costa, las copias que soliciten.

En caso de que, pasado ese plazo de 10 días, las partes no presentaran oposición o manifestaran su conformidad, el LAJ dictará decreto aprobando las operaciones divisorias, mandando protocolizarlas.

En caso de que manifestasen su oposición, esta habrá de formularse por escrito expresando los puntos de las operaciones divisorias a que se refiere y las razones en que se funda. El LAJ, tras ello, convocará al contador y a las partes a una comparecencia ante el tribunal, que se celebrará dentro de los 10 días siguientes:

- Si en la comparecencia se alcanzara la **conformidad** de todos los interesados respecto a las cuestiones promovidas, se ejecutará lo acordado y el contador hará en las operaciones divisorias las reformas convenidas, que serán aprobadas por el LAJ mediante decreto.

- Si **no hubiere conformidad**, el tribunal oirá a las partes y admitirá las pruebas que propongan que no sean impertinentes o inútiles, continuando la sustanciación del procedimiento con arreglo a lo dispuesto para el juicio verbal.

La sentencia que recaiga en este procedimiento se llevará a efecto con arreglo a lo dispuesto en el artículo 788 de la LEC, pero no tendrá eficacia de cosa juzgada, pudiendo los interesados hacer valer los derechos que crean corresponderles sobre los bienes adjudicados en el juicio ordinario que corresponda.

A TENER EN CUENTA. Dispone el apartado 6 del artículo 787 de la LEC que cuando, conforme a lo establecido en el artículo 40 de la LEC, se hubieran suspendido las actuaciones por estar pendiente causa penal en que se investigue un delito de cohecho cometido en el avalúo de los bienes de la herencia, la suspensión se alzará por el LAJ, sin esperar a que la causa finalice por resolución firme, en cuanto los interesados, prescindiendo del avalúo impugnado, presentaren otro hecho de común acuerdo, en cuyo caso se dictará sentencia con arreglo a lo que resulte de este.

Una vez aprobadas de forma definitiva las particiones, el LAJ entregará a cada uno de los interesados lo que en ellas le haya sido adjudicado y los títulos de propiedad, poniéndose previamente en estos por el actuario notas expresivas de la adjudicación (art. 788.1 de la LEC).

A TENER EN CUENTA. De acuerdo con el art. 5 de la LO 1/2025, de 2 de enero, en vigor a 03/04/2025, en el orden jurisdiccional civil, con carácter general, para que sea admisible la demanda se considerará requisito de procedibilidad acudir previamente a algún medio adecuado de solución de controversias. Así, para entender cumplido este requisito habrá de existir una identidad entre el objeto de la negociación y el objeto del litigio, aun cuando las pretensiones que pudieran ejercitarse, en su caso, en vía judicial sobre dicho objeto pudiera variar.

4.3. Especialidades procesales sobre la liquidación del régimen de separación de bienes en Cataluña

¿Qué especialidades procesales tiene la liquidación del régimen separación de bienes en Cataluña?

En la disposición adicional tercera, bajo la rúbrica «Especialidades procesales relativas a pretensiones liquidatorias del régimen económico ejercidas dentro de los procesos matrimoniales», de la Ley 25/2010, de 29 de julio, del libro segundo del Código Civil de Cataluña, relativo a la persona y a la familia, dispone lo que sigue:

«1. Para determinar, en el procedimiento matrimonial, la compensación por razón de trabajo, así como la titularidad de los bienes, si es preciso para establecer la procedencia y cuantía de la compensación, deben aplicarse las siguientes reglas:

a) La demanda o, en su caso, la reconvención debe acompañarse con una propuesta de inventario que incluya los bienes propios y los del otro cónyuge, con la indicación de su valor, y el importe de las obligaciones, así como con la documentación de relevancia patrimonial de que se disponga.

A petición de la parte reconviniente, la autoridad judicial puede ampliar motivadamente el plazo de contestación a la demanda en diez días improrrogables, para que la parte reconviniente pueda preparar la propuesta de inventario.

b) Si las partes no han podido tener acceso a información relevante para fundamentar sus pretensiones, antes de la vista pueden solicitar a la autoridad judicial que la obtenga utilizando los medios de que dispone.

2. **Para determinar el crédito de participación o para liquidar los regímenes económicos matrimoniales de comunidad, debe seguirse el procedimiento establecido por los Artículos 806 a 811 de la Ley del Estado 1/2000, de 7 de enero, de enjuiciamiento civil. También debe aplicarse este procedimiento para dividir los bienes en comunidad ordinaria indivisa en el supuesto a que se refiere el artículo 232-12.2».**

Por lo tanto, en el **artículo 232-12.2 del Código Civil Catalán** se regula la división de los bienes en comunidad ordinaria indivisa, disponiendo que en los procedimientos de separación, divorcio o nulidad y en los dirigidos a obtener la eficacia civil de las resoluciones o decisiones eclesiásticas, cualquiera de los cónyuges podrá ejercer simultáneamente la acción de división de cosa común respecto a los bienes que tengan en comunidad ordinaria indivisa.

En este sentido se prevé que **en caso de que existieran varios bienes en comunidad ordinaria indivisa** y uno de los cónyuges lo solicitase, la autoridad judicial podría considerarlos en conjunto, a efectos de formar lotes y adjudicarlos.

Pero **¿qué ocurre en el caso de que solo exista un bien proindiviso y no varios como señala el antedicho artículo? La sentencia de la Audiencia Provincial de Barcelona n.º 736/2014, de 27 de noviembre, ECLI:ES:APB:2014:14190**, señala que, «tratándose de un solo bien objeto de división, la misma se verificará por los cauces previstos en el artículo 552.11.º del Código Civil de Cataluña siendo innecesaria cuando se trata exclusivamente de la división de un inmueble, normalmente el familiar del artículo 2 CF, sin la concurrencia de otros bienes comunes en la práctica divisoria, la formalización del inventario por el cauce de los artículos 808 y 809 de la LEC pues los bienes resultan ya perfectamente identificados en el procedimiento previo en el que se ha ejercitado la acción divisoria (SAP Sec. 12.ª Rollo 535/2010 y Rollos 437/2010 y 586/2009, entre otras)».

Por lo que, el ya mencionado artículo 232-12 del Código Civil de Cataluña remite a las partes a la acción de división de la cosa común en sede del procedimiento matrimonial o independientemente de este. Y también la disposición adicional tercera de la referida ley en su punto segundo aclara de forma definitiva que el procedimiento de los artículos 806 a 811 de la Ley de Enjuiciamiento Civil solo es aplicable a los regímenes económicos de comunidad y excepcionalmente a los de separación de bienes si existen diversos bienes en comunidad ordinaria indivisa, de modo que, según señala la precitada sentencia, **en ningún caso se va a aplicar el procedimiento de los artículos 806 a 811 de la Ley de Enjuiciamiento Civil si los cónyuges solo comparten la titularidad de un bien.**

¿En qué momento pueden los cónyuges iniciar el procedimiento de formación de inventario?

Antes de acudir al procedimiento preceptuado en los artículos 806 y siguientes de la Ley de Enjuiciamiento Civil, habrá de haberse dictado sentencia acordando la división de la cosa común. En esta línea se pronuncia el **auto de la Audiencia Provincial de Barcelona n.º 526/2017, de 12 de diciembre, ECLI:ES:APB:2017:8670A**:

> «Por otra parte **no cabe ir** directamente a un procedimiento de liquidación del artículo 806 de la LEC. Es necesario que previamente se declare en sentencia la división del bien o bienes objeto de la comunidad ordinaria».

En este mismo sentido, la **sentencia de la Audiencia Provincial de Barcelona n.º 43/2016, de 20 de enero, ECLI:ES:APB:2016:405**, se pronuncia señalando que «Los artículos 806 y siguientes de la LEC solo resultan de aplicación al régimen económico de separación de bienes cuando lo que se pretende es la liquidación de masas patrimoniales comunes o de bienes comunes "masa común de bienes" y, en este último caso, **cuando hay varios bienes comunes se requiere el ejercicio con carácter previo de la acción de división de la cosa común en el proceso de separación o de divorcio** según lo dispuesto en el artículo 232-12 y 233-4.2 del Código Civil de Cataluña, último inciso del Código Civil de Cataluña o en otro procedimiento declarativo». Solo en este supuesto cabe seguir el procedimiento del 806 de la Ley de Enjuiciamiento Civil según la citada disposición adicional 3.ª de la Ley 25/2010, de 29 de julio, del libro segundo del Código Civil de Cataluña.

CUESTIÓN

En el caso de que se ejercite la acción de división de cosa común dentro del procedimiento de divorcio, ¿podrá ser desestimada dicha acción?

Sí, en los casos en los que no conste o existan dudas sobre la naturaleza o titularidad del bien, en este sentido, es interesante lo señalado por la **Audiencia Provincial de Barcelona en su auto n.º 59/2011, de 8 de marzo, ECLI:ES:APB:2011:1686A**, cuyo tenor literal es el siguiente: «Aun existiendo diferentes tesis sobre la aplicación del procedimiento de los artículos 806 y siguientes de la LEC al régimen económico matrimonial de separación de bienes, en lo que existe unanimidad es en la necesidad de haberse ejercitado con carácter previo la acción de división de la cosa común al amparo de lo dispuesto en el artículo 43 del CF, y que dicha acción haya sido estimada, circunstancia que no concurre en el caso de autos, en que la referida acción ha sido expresamente desestimada al no constar la naturaleza o titularidad común del bien ahora excluido. **Resulta evidente qué si el bien no es común, no puede iniciarse sobre el mismo el procedimiento que ahora se pretende, que tiene por objeto precisamente el inventario y liquidación de bienes comunes.** Lo que se pretende por la parte actora es reiterar la discusión o controversia ya dilucidada en el procedimiento de divorcio sobre la titularidad común del bien, que fue desestimada. Por todo ello y sin necesidad de mayores consideraciones, debe desestimarse el recurso».

¿Qué procedimiento será el adecuado para llevar a cabo la liquidación?

La disposición adicional 3.ª del libro II del CCC resuelve la discrepancia mantenida por los tribunales y establece que **el procedimiento para liquidar regímenes económicos matrimoniales será el adecuado para llevar a cabo la división de los bienes en los casos en los que la acción que se acumula al proceso matrimonial** se refiere a diversos bienes y se pide la formación de lotes (**auto de la Audiencia Provincial de Barcelona n.º 145/2016, de 17 de mayo, ECLI:ES:APB:2016:861A**). La existencia de un solo bien en común excluiría en todo caso la aplicación de dicha disposición.

Asimismo, a este respecto cabe señalar que, dentro del libro IV de la LEC dedicado a los procesos especiales, el capítulo II del título II regula el procedimiento para la liquidación del régimen económico matrimonial, pero comprende en realidad dos procedimientos diferentes, el de formación de inventario (artículos 808 y 809) y el de liquidación en sentido estricto (artículo 810), con una variante más para el régimen de participación. De lo anterior se sigue que **la formación de inventario para determinar el activo y el pasivo de la comunidad matrimonial precede a la liquidación del régimen económico matrimonial porque no es sino hasta concluido el inventario cuando los cónyuges, o, de haber fallecido, sus herederos, «podrán» solicitar la liquidación** (artículo 810.1.º LEC), lo que significa a su vez que, la determinación del activo y del pasivo de la comunidad no exige necesariamente una petición de liquidación. (**Sentencia del Tribunal Supremo n.º 703/2015, de 21 de diciembre, ECLI:ES:TS:2015:5760**).

Por lo tanto, ejercitada la acción de división en el proceso matrimonial y **si los bienes o el bien que forma la comunidad ordinaria indivisa entre los cónyuges no tiene cargas ni hay pasivo a inventariar podrá acudirse directamente a la petición de liquidación** porque los bienes que conforman el activo inventariable ya han quedado determinados en el proceso matrimonial con el ejercicio de la acción de división (art. 810.1.º de la LEC). Si bien, **no cabe ir directamente al procedimiento de liquidación contemplado en el artículo 806 de la LEC, es necesario que previamente se declare en sentencia la división del bien o bienes objeto de la comunidad ordinaria**, en este sentido se pronuncia la **sentencia de la Audiencia Provincial de Barcelona n.º 221/2014, de 26 de marzo, ECLI:ES:APB:2014:2635**.

El mencionado **auto de la Audiencia Provincial de Barcelona n.º 145/2016, de 17 de mayo, ECLI:ES:APB:2016:861A**, indica que:

«Esta Disposición Adicional 3.ª.2 de la Ley 25/2010, no designa el procedimiento adecuado para ejecutar la división sino que designa el cauce concreto que debe sustanciarse para formar los lotes si así se solicita. Del conjunto de preceptos referenciados en la Disposición Adicional 3.ª.2 solo deberán considerarse el artículo 810 o el 811 LEC, no hay una remisión en su totalidad al proceso liquidatorio del 806 y ss LEC. Así no es de aplicación la regla de competencia del artículo 809 LEC ni la solicitud de formación de inventario dado que los bienes están ya identificados (808 y 809 LEC). Por lo tanto no será necesario ni solicitar ni esperar a la formación de inventario para instar la ejecución de la división. Ello no obstante la liquidación contenciosa incluye bienes y deudas (artículo 809 LEC). Tampoco tiene sentido la exigencia de firmeza de la sentencia (artículo 810.1 y 811.1 LEC). Por lo tanto en caso de recurso, la posibilidad de ejecución provisional se regirá por las reglas generales».

CUESTIÓN

En caso de que la división se refiera a un bien o, en caso de que haya diversos bienes, no se hubiera solicitado la formación de lotes, ¿cómo se efectuará la división de los mismos?

En este caso la división se efectuará bien por bien, separadamente. Así lo indica el ya citado auto de la Audiencia Provincial de Barcelona de 17 de mayo de 2016, para llevar a cabo la división en este caso deberá acudirse a las reglas generales de la ejecución singular. En primer lugar, se deberá proceder a su valoración, a la adjudicación del bien a uno de los cónyuges y al pago de la diferencia al otro o en otro caso a la venta forzosa del bien.

En cuanto a los trámites a seguir, el **auto de la Audiencia Provincial de Barcelona n.º 145/2016, de 17 de mayo, ECLI:ES:APB:2016:861A**, señala que **la solicitud de formación de lotes se hará en la demanda de ejecución y será preciso acompañar una propuesta de liquidación.** Será sobre esta propuesta sobre la cual continuará la tramitación. Para llevar a cabo la formación de lotes deberá de convocarse a los cónyuges a una comparecencia con la finalidad de alcanzar un acuerdo, tal y como dispone el artículo 810 de la Ley de Enjuiciamiento Civil. La incomparecencia de uno de los cónyuges (o sus herederos) implicará la aprobación de los lotes que haya propuesto otro. Si hay acuerdo, el proceso finalizará llevándolo a cabo. Si no lo hay, se nombrará un contador partidor (art. 786 de la LEC) al que se le entregará la documentación (art. 785 de la LEC) y hará una propuesta de lotes (art. 786 de la LEC).

La división hecha por contador partidor se trasladará a las partes que podrán manifestar su conformidad o su oposición.

Si hay oposición se citará a las partes a una comparecencia ante el tribunal donde se intentará llegar a acuerdo, de no alcanzar dicho acuerdo se dilucidará la oposición siguiendo los trámites del juicio verbal (art. 787 de la LEC).

La sentencia que resuelva la oposición tendrá plenos efectos de cosa juzgada dado que en este caso nos encontramos con la división de bienes comunes concretos y no ante una liquidación de un régimen económico en general. Por lo tanto, no parece que pueda ser aplicable lo dispuesto en el artículo 787.5 de la LEC. Contra la sentencia que se dicte cabe recurso de apelación.

RESOLUCIÓN RELEVANTE

Auto de la Audiencia Provincial de Granada n.º 240/2021, de 26 de noviembre, ECLI:ES:APGR:2021:1252A

«(...) ha de recordarse que el apartado XIX de la Exposición de Motivos de la LEC afirma que ésta ha diseñado un procedimiento mucho más simple y menos costoso que el juicio de testamentaría que regulaba la Ley de 1.881 y, en este sentido, el art.

---

787 LEC dispone que la falta de conformidad de los interesados con el cuaderno elaborado por el Contador se resolverá mediante sentencia tras la sustanciación de la controversia por el procedimiento del juicio verbal, resolución que tendrá carácter ejecutivo («se llevará a efecto con arreglo a lo dispuesto en el artículo siguiente», dice la Ley) pero no eficacia de cosa juzgada, «pudiendo los interesados hacer valer los derechos que crean corresponderles sobre los bienes adjudicados en el juicio ordinario que corresponde».

Es decir, la Ley no prevé más trámite posterior a la resolución judicial decidiendo la controversia suscitada por la oposición al cuaderno que la entrega de los bienes adjudicados a cada uno de los interesados (art. 788), siquiera, consciente de la importancia de lo que se dilucida y desde la consideración de la partición como un negocio sometido a las normas generales de contratación, no dota a la resolución recaída de la eficacia de la cosa juzgada, remitiendo a los interesados al oportuno juicio ordinario en defensa de su derecho. De suerte que, siendo firme la sentencia dictada en el procedimiento de división judicial de herencia, pero no gozando la misma de la eficacia de la cosa juzgada, el objeto del recurso debe limitarse a verificar si el cuaderno particional aprobado se ajusta a lo que dispuso el Fallo de la Sentencia, y ello sin perjuicio de que podrán los interesados hacer valer los derechos que crean corresponderles sobre los bienes adjudicados (es decir, impugnar el cuaderno particional y postular las modificaciones del mismo) en el juicio ordinario (declarativo) que corresponda».

CUESTIÓN

¿Cabe el ejercicio de la acción de división en el procedimiento de modificación ante la falta de mención expresa en las medidas provisionales y en medidas definitivas?

La ley no exige de forma expresa que la acción de división se acumule al primero de los procesos matrimoniales. Cabe, por tanto, la acumulación de división al posterior proceso de divorcio o de nulidad, tanto si se ha ejercitado en el primer proceso de separación como si no. En este sentido, el **auto de la Audiencia Provincial de Barcelona n.º 186/2012, de 10 de julio, ECLI:ES:APB:2012:4891A**, dispone: «[...] No se hace una referencia expresa al procedimiento de modificación de efectos pero la jurisprudencia viene manteniendo, siguiendo a la mejor doctrina, que la analogía de la división de bienes comunes con la liquidación del régimen económico matrimonial no puede llevar a la exclusión de los proceso de modificación como idóneos para la división de bienes comunes, sea este consensuado o contencioso (S. de 16 de febrero de 2010). Avala este criterio el tenor de la Disposición Adicional Quinta en la que se efectúa una referencia genérica a los procesos matrimoniales para resolver las rupturas de parejas estables con posibilidad de división de bienes comunes, lo que supone una inclusión implícita del procedimiento de modificación».

5.
ACCIÓN DE DIVISIÓN DE LA COSA COMÚN

Ejercicio de la acción de división de la cosa común

De acuerdo con el **artículo 392 del Código Civil**:

> «Hay comunidad cuando la propiedad de una cosa o de un derecho pertenece pro indiviso a varias personas.
>
> A falta de contratos, o de disposiciones especiales, se regirá la comunidad por las prescripciones de este título».

CUESTIONES

1. ¿Se puede ejercitar la acción de división de cosa común de un inmueble que no esté inscrito en el Registro de la Propiedad?

Sí, ya que debe recordarse que la inscripción en el Registro de la Propiedad no es constitutivaejercicio de la acción de división de cosa común, según los trámites del juicio declarativo que, por su cuantía del derecho de propiedad, así lo ha reconocido la **sentencia de la Audiencia Provincial de Sevilla n.º 461/2010, de 29 de octubre, ECLI:ES:APSE:2010:3629**, que señala:

> *«En la primera alegación del recurso vuelven los demandados a reiterar la falta de legitimación activa porque la porción de la finca de la que dice ser titular la actora no está inscrita en el Registro de la Propiedad.*
>
> *El motivo ha de ser rechazado por su carencia de fundamento. La propiedad se adquiere y transmite por la ley, por donación, por sucesión testada e intestada, y por consecuencia de ciertos contratos mediante la tradición, así como por medio de la prescripción (art. 609 Código Civil). La inscripción registral del dominio no es constitutiva. El derecho de propiedad se adquiere y se transmite al margen del Registro. La inscripción del dominio en el Registro no es requisito necesario para que la propiedad se adquiera o se transmita».*

2. ¿Podría ejercitarse la acción de división si está inscrita a nombre de un tercero?

En este caso no es posible el ejercicio de la acción ya que prevalece el principio de legitimación registral tal y como ha señalado la **sentencia de la Audiencia Provincial de Baleares n.º 53/2020, de 13 de febrero, ECLI:ES:APIB:2020:349**:

> *«En efecto, aunque entendiéramos viable la tesis de la apelante en cuanto a que la acción de división se refiere a la totalidad de la finca registral n.º NUM000 de Formen-*

> *tera, lo cual no procede como ya indicamos, lo que dimana del recurso en realidad es una situación en la que el dominio real de la finca y el registral no son coincidentes, no habiéndose ejercitado acción alguna en este sentido por la Sra. Coro y el Sr. Luis Enrique frente al titular registral y sin que esta problemática pueda encontrar solución en este litigio, ni siquiera con base en resoluciones anteriores de otros pleitos, ya reseñadas, puesto que no abordaron este punto. Y aunque es cierto que la inscripción registral no es constitutiva en nuestro ordenamiento, **no cabe olvidar el principio de legitimación registral establecido en el art. 38 de la Ley Hipotecaria**. Dicho principio, junto con el de fe pública registral, responde a la presunción de exactitud del Registro, que da razón de la eficacia defensiva del sistema registral, estableciendo como presunción iuris tantum en beneficio del titular registral».*

De acuerdo con el artículo 1965 del Código Civil, el **plazo para el ejercicio de la acción de división de cosa común**: «No prescribe entre coherederos, condueños o propietarios de fincas colindantes la acción para pedir la partición de la herencia, la división de la cosa común o el deslinde de las propiedades contiguas».

¿Respecto de qué bienes puede solicitarse la división de cosa común?

Podrá solicitarse la acción de división de cosa común **sobre cualquier bien que tengan en proindiviso los cónyuges, ya sea sobre todos ellos o sobre algunos.** En este sentido, la **sentencia del Tribunal Supremo n.º 942/2006, de 4 de octubre, ECLI:ES:TS:2006:5862**, en la que el Alto Tribunal desestima el recurso de casación sobre división de cosa común, señala que el recurrente pretende que el tribunal, como si fuera una tercera instancia, valore de nuevo la prueba documental, añadiendo que **el hecho de que existiesen más bienes en proindivisión no puede ser causa de que se desestime la demanda ejercitando la acción de división respecto de uno de ellos.**

En este mismo sentido, se pronuncia la **sentencia de la Audiencia Provincial de Córdoba n.º 153/2008, de 30 de abril, ECLI:ES:APCO:2008:915:**

> «[...] no puede exigirse que se liquiden todos los bienes sino que la comunidad objeto de este proceso, lo es respecto de cada uno de los bienes, y por tanto se puede exigir la división de unos y no de otros. En definitiva, el procedimiento ha sido correcto, y por tanto el motivo debe ser desestimado».

|| ¿Qué ocurre cuando el bien objeto de división es la vivienda familiar?

En este sentido, la **sentencia de la Audiencia Provincial de Murcia n.º 754/2015, de 17 de diciembre, ECLI:ES:APMU:2015:2763**, señala, en un caso en que la acción de división de cosa común se ejercita sobre una vivienda, que tiene carácter privativo y también carácter ganancial, pues la referida **vivienda ha constituido el domicilio familiar**. En el presente caso, no se acreditó que el precio de adquisición se hubiera pagado en su totalidad con anterioridad a la celebración del matrimonio. Por lo tanto, la AP entiende que no ha lugar en el presente procedimiento a la acción de división del patrimonio común proindiviso, pues **la vivienda pertenece proindiviso a las partes litigantes, pero también a la sociedad de gananciales, por lo que será en el procedimiento de liquidación de la sociedad de gananciales en el que se deberá determinar y fijar el porcentaje de proindiviso perteneciente a la sociedad de gananciales y el perteneciente con carácter privativo a los cónyuges.**

En este mismo sentido, el **auto de la Audiencia Provincial de Madrid n.º 342/2012, de 17 de diciembre, ECLI:ES:APM:2012:21226A**, establece: «(...) que la vivienda que se pretende dividir, además de haber sido el domicilio conyugal, durante el matrimonio, no se ha desembolsado la totalidad de la deuda hipotecaria, a la presentación de la demanda. En consecuencia, como pasivo todavía existe la hipoteca que grava el domicilio conyugal. (...) Resulta evidente que un bien inmueble ganancial, en aplicación del artículo 1354 CC, del que pende el pago de la totalidad de la hipoteca, determina la existencia de una obligación contraída por las partes, que obliga a seguir el procedimiento para la liquidación del régimen económico matrimonial, previsto en los artículos 806 LEC y siguientes».

CUESTIONES

1. ¿Qué ocurre si el inmueble pertenece *pro indiviso* a los cónyuges y a una tercera persona?

La sentencia del Tribunal Supremo n.º 455/2006, de 8 de mayo, ECLI:ES:TS:2006:2882, señala que la doctrina reiterada sostiene la posibilidad de ejercicio de la acción de división de cosa común, si bien, habrá que garantizar la continuidad del derecho de uso que pudiera corresponder en exclusiva a uno de los partícipes. La referida sentencia menciona, entre otras, la STS n.º 1131/1999, de 27 de diciembre, ECLI:ES:TS:1999:8485, cuyo tenor literal dice así: «(...) que la acción de división de la comunidad representa un derecho indiscutible e incondicional para cualquier copropietario, de tal naturaleza que su ejercicio no está sometido a circunstancia obstativa alguna, salvo el pacto de conservar la cosa indivisa por tiempo no superior a diez años, por lo que los demás comuneros no pueden impedir el uso del derecho a separarse, que corresponde a cualquiera de ellos, ni el ejercicio de la acción procesal al respecto».

2. ¿Se podrá ejercitar la acción de división de cosa común sobre la vivienda familiar si ha sido atribuido el uso a uno de los cónyuges y sus hijos en virtud del artículo 96.1 del Código Civil?

En este sentido se pronuncia el Tribunal Supremo en su sentencia n.º 715/1994, de 14 de julio, ECLI:ES:TS:1994:5410, a través de la cual dispone que el derecho a la división del bien común ha de mantenerse, si bien, bajo la limitación del derecho al uso de la vivienda familiar del cónyuge que se ha quedado a cargo de los hijos/as.

3. Siguiendo el caso anterior, para ejercitar la acción de división de cosa común sobre la vivienda de carácter familiar, ¿se requerirá el consentimiento de ambos cónyuges o autorización judicial?

La sentencia del Tribunal Supremo n.º 1123/2008, de 3 de diciembre, ECLI:ES:TS:2008:6780, establece: «(...) art. 400 CC establece una **regla taxativa** que no tiene ninguna excepción cuando se trata de la división de un bien que pertenece a unas personas que lo habían adquirido durante el matrimonio por su condición de cónyuges y que a pesar de la disolución, siguen siendo copropietarios y es que cualquiera de los condóminos puede pedir en cualquier tiempo la división de la cosa común al no estar obligados a permanecer en tal situación, salvo el pacto de indivisión por diez años (art. 400.2 CC). En los casos en que uno de los copropietarios ejercita la facultad de dividir, de acuerdo con el Art. 400 CC, no se plantea ninguna cuestión relacionada con la facultad de disposición del no usuario, porque lo único que pide es la división y no dispone de su cuota».

Por lo tanto, la respuesta en este caso es negativa, ya que **el ejercicio de la facultad de pedir la división no constituye un acto de disposición que requiera el consentimiento del otro cónyuge copropietario**, pese a que el ejercicio de dicha acción se realice sobre la vivienda familiar en la que tiene atribuido su uso uno solo de los cónyuges.

¿Qué ocurre cuando el bien objeto de división de cosa común está gravado con una hipoteca?

De acuerdo con el **artículo 123 de la Ley Hipotecaria**:

«Si una finca hipotecada **se dividiere en dos o más, no se distribuirá entre ellas el crédito hipotecario**, sino cuando voluntariamente lo acordaren el acreedor y el deudor. No verificándose esta distribución, **podrá repetir el acreedor por la totalidad de la suma asegurada contra cualquiera de las nuevas fincas en que se haya dividido la primera o contra todas a la vez**».

Este artículo se está refiriendo a cuando la finca objeto de división es dividida físicamente, es decir, a partir de una sola finca se han creado dos o más fincas independientes.

Asimismo, de acuerdo con el **artículo 405 del Código Civil**:

«**La división de una cosa común no perjudicará a tercero, el cual conservará los derechos de hipoteca**, servidumbre u otros derechos reales que le pertenecieran antes de hacer la partición. Conservarán igualmente su fuerza, no obstante la división, los derechos personales que pertenezcan a un tercero contra la comunidad».

En este sentido es fuertemente ilustrativa la **sentencia del Tribunal Supremo n.º 77/2012, de 22 de febrero, ECLI:ES:TS:2012:1318**:

«Tal como se ha indicado a final del anterior F.J., la división de la cosa común no perjudica al tercero, quien según lo que dispone el Art. 405 CC, «conservará los Derechos de hipoteca [...]» y otros Derechos reales que la graven. Este es el sentido del Art. 405 CC, así como el del Art. 670.5 L.E.C., que impone al **adjudicatario la subsistencia de las cargas o gravámenes anteriores, subrogándose en la responsabilidad que de ellos se deriva, no en la deuda que origina semejante responsabilidad**. No se infringe, por tanto, el Art. 1205 CC, que regula la novación por cambio del deudor de una obligación, puesto que en el supuesto actual, solo cambia el responsable en tanto que como adquirente del bien sujeto a una hipoteca, debe soportar la ejecución por las deudas impagadas, pero no se convierte en deudor ni se subroga en esta posición, al contrario de lo que insinúa el recurrente. A tal efecto conviene recordar lo que establece el Art. 123 LH, cuando después de admitir que el acreedor hipotecario y el deudor garantizado con hipoteca pueden pactar la distribución de la deuda en los casos de división de la finca hipotecada, a falta de pacto, "podrá repetir el acreedor por la totalidad de la suma asegurada contra cualquiera de las nuevas fincas en las que se haya dividido la primera o contra todas a la vez".

El adquirente por tanto, resultará afectado por la hipoteca en tanto que responsable por su cualidad de titular de los bienes adquiridos en subasta, aunque no se produzca una novación porque el deudor se mantiene. En definitiva y como resumen, **debe recordarse que lo que cambiaría en la adjudicación a un tercero es el titular de la garantía, no el de la deuda»**.

Y en el mismo sentido, la **sentencia de la Audiencia Provincial de Lugo n.° 173/2018, de 26 de abril, ECLI:ES:APLU:2018:228**:

«Ello predica el **carácter accesorio de la hipoteca**, que, como establece el artículo 1.528 del Código Civil, **la venta o cesión de un crédito comprende la de todos los derechos accesorios, como la fianza, hipoteca**, prenda o privilegio. Además, tanto el art. 104 de la Ley Hipotecaria como el art. 1.876 del C.Civil, establecen que **la hipoteca sujeta directa e inmediatamente los bienes sobre que se impone, cualquiera que sea su poseedor, al cumplimiento de la obligación para cuya seguridad fue constituida.**

Como establece la jurisprudencia del Tribunal Supremo, **el adquirente**, si lo hubiese, no se subroga en el crédito hipotecario, sino que adquiriría un bien gravado por una hipoteca, derecho real, y, por lo tanto, es el bien el que responde del préstamo como garantía real, y hasta donde alcance su valor.

Los únicos sujetos afectados por la división de la cosa común son los propios condóminos, y el acreedor hipotecario no se ve afectado en su garantía real por la división de la cosa».

¿Se puede ejercitar la acción de división sobre cuentas bancarias?

La **sentencia de la Audiencia Provincial de Barcelona n.° 151/2014, de 28 de febrero, ECLI:ES:APB:2014:2805**, afirma que el reparto de cuentas corrientes no responde con claridad a una acción de división de cosa común, por lo que dicho reparto no será una acción de cosa común sino de reparto, condicionado a los movimientos de cargo y abono.

En este mismo sentido, el **Tribunal Superior de Justicia de Cataluña en su sentencia n.° 57/2012, de 8 de octubre, ECLI:ES:TSJCAT:2012:10899**, señala que en los procedimientos matrimoniales (separación de bienes) no debe examinarse la propiedad del dinero más allá de la titularidad formal.

¿Se puede ejercitar la acción de división de cosa común sobre una vivienda de protección oficial?

De acuerdo con la **sentencia de la Audiencia Provincial de Córdoba n.° 29/2007, de 9 de febrero, ECLI:ES:APCO:2007:242**, lo que habrá de investigarse es **si la legislación protectora de vivienda de protección oficial,** que formalmente motiva la prohibición de vender, constituye un obstáculo insalvable, muy particularmente si el ejercicio de la acción de división de cosa común mediante el que uno de los copropietarios pide la adjudicación de la cuota participativa del comunero supone una auténtica transmisión a los efectos de referida prohibición de disponer, especialmente, sometiendo a consideración la concreta causa en virtud del cual se ejercita dicha acción de división de la cosa común adquirida en su día por mitades proindiviso por ambos litigantes, y partiendo de antemano de la realidad de que el inmueble, por su configuración, es física y jurídicamente indivisible.

Si bien, el artículo 400 del Código Civil cuando afirma que nadie está obligado a permanecer en la indivisión de la cosa, con los límites que la legislación proteccionista de viviendas impone, especialmente cuando no se trata solo de dar solución a una situación incómoda de propiedad *pro indivisa*, sino de terminar con la misma en los casos en los que existan malas relaciones entre los propietarios tras una crisis matrimonial, pues, señala la antedicha sentencia, **que no es lo mismo transmitir la propiedad a través de un contrato de compraventa en el que figura un tercer adquirente, sin ninguna vinculación previa con el inmueble, que adjudicarse la porción indivisa que un comunero tiene en él**, ya que en estas situaciones no existe un elemento especulativo como podría darse en otras situaciones, que es precisamente lo que la normativa de viviendas de protección oficial trata de evitar.

Procedimiento para ejercitar la acción de división de cosa común

De acuerdo con el **artículo 437.4 de la Ley de Enjuiciamiento Civil**, la acción de división de cosa común se podrá acumular a la acción de separación o divorcio:

> «No se admitirá en los juicios verbales la acumulación objetiva de acciones, salvo las excepciones siguientes:
> (...)
> 4.ª En los procedimientos de separación, divorcio o nulidad y en los que tengan por objeto obtener la eficacia civil de las resoluciones o decisiones eclesiásticas, **cualquiera de los cónyuges podrá ejercer simultáneamente la acción de división de la cosa común respecto de los bienes que tengan en comunidad ordinaria indivisa**. Si hubiere diversos bienes en régimen de comunidad ordinaria indivisa y uno de los cónyuges lo solicitare, el tribunal puede considerarlos en conjunto a los efectos de formar lotes o adjudicarlos».

Si bien la acción de división de cosa común entre los cónyuges también puede ejercitarse como una acción principal, en este caso, habrá de sustanciarse por los trámites del juicio verbal con independencia de la cuantía. El Real Decreto-ley 6/2023, de 19 de diciembre, ha modificado el art. 250.1 de la LEC y añade el ordinal 16.º por lo que, a partir del 20 de marzo de 2024, el procedimiento se determina por razón de la materia.

Artículo 250.1.16.º de la LEC:

«1. Se decidirán en juicio verbal, cualquiera que sea su cuantía, las demandas siguientes:

(...)

16.º Aquéllas en las que se ejercite la acción de división de cosa común».

¿Qué juzgado será el competente para resolver la acción de división de cosa común?

En lo casos en los que **acción de división se ejercita una vez ya se haya dictado la sentencia de separación o divorcio**, tendremos que distinguir en si el mismo es de mutuo acuerdo o contencioso.

En los casos en que la separación o divorcio sea de mutuo acuerdo, podemos señalar como ejemplo el **auto de la Audiencia Provincial de Madrid n.º 270/2008, de 15 de septiembre, ECLI:ES:APM:2008:11958A,** que declara competente al juzgado de primera instancia y no al de familia, ya que en este caso no se ejercita acción alguna de disolución de sociedad matrimonial que ya se había ejercitado con anterioridad, sino lo que se ejercita es una acción de división de cosa común, para la que no tiene competencia el juzgado de familia.

En caso de que el procedimiento de divorcio haya sido contencioso, el criterio sobre la competencia no es unánime. El criterio mayoritario sostiene, igual que en el caso de los procedimientos de separación o divorcio de mutuo acuerdo, que la competencia para solventar la acción de división de cosa común corresponde a los juzgados de primera instancia. En este sentido, la **sentencia del Tribunal Supremo n.º 904/2006, de 18 de septiembre, ECLI:ES:TS:2006:5555,** niega lo aludido por una de las partes de que la competencia venía atribuida a los juzgados de familia por tratarse de la liquidación de la sociedad de gananciales posterior a su disolución por separación decretada judicialmente. Y lo niega por dos razones:

1. En primer lugar, porque no se trata de una alteración de lo pactado en las medidas acordadas en el convenio ni de la propia liquidación de la sociedad conyugal pues lo acordado por las partes fue proceder privativamente a la venta del inmueble si se obtenía determinado precio por él, para lo que resultaba necesario el concurso de un tercero, sin que en consecuencia se tratara de un acuerdo directamente ejecutable. El hecho de que las partes, en un plazo ya dilatado, no hayan podido obtener el propósito de venta en determinadas condiciones faculta a cualquiera de ellas para el ejercicio de la acción de división de cosa común para lo cual la competencia viene atribuida a los juzgados de primera instancia.

2. En el presente proceso no solo se ejercía la acción de división sino, además, otra de indemnización de daños y perjuicios cuyo conocimiento desde luego no habría de corresponder a los juzgados de familia dada la exclusividad de competencia sobre las materias que han sido especialmente atribuidas.

Otro ejemplo, lo encontramos en el **auto de la Audiencia Provincial de Madrid n.º 65/2010, de 20 de enero, ECLI:ES:APM:2010:2320A,** que señala que la existencia de bienes en común y proindiviso adquiridos por los cónyuges, durante la vigencia del régimen matrimonial de separación de bienes, con posibles deudas derivadas de los mismos, se presentaría como una comunidad de bienes en los términos previstos en el artículo 392 y siguientes del Código Civil. Y para poner fin a la misma, **tras la disolución de dicho régimen resulta evidente que ha de bastar el ejercicio de la acción de división de cosa común, según los trámites del juicio declarativo que, por su cuantía,** corresponda.

A TENER EN CUENTA. Por la reforma realizada por la LO 1/2025, de 2 de enero, una vez implantados de forma efectiva los tribunales de instancia, todas las referencias realizadas a los juzgados unipersonales se entenderán realizadas a las secciones del orden jurisdiccional correspondiente de los tribunales de instancia. La D. T. 1.ª de la LO 1/2025, de 2 de enero, de medidas en materia de eficiencia del Servicio Público de Justicia, dispone la fecha de culminación del proceso de transformación de los juzgados en las respectivas secciones de los tribunales de instancia, finalizando este proceso el 31/12/2025.

Por último, cabe señalar al respecto que de acuerdo con el **art. 5 de la LO 1/2025, de 2 de enero,** en vigor a 03/04/2025, en el orden jurisdiccional civil, con carácter general, para que sea admisible la demanda **se considerará requisito de procedibilidad acudir previamente a algún medio adecuado de solución de controversias.** Así, para entender cumplido este requisito habrá de existir una identidad entre el objeto de la negociación y el objeto del litigio, aun cuando las pretensiones que pudieran ejercitarse, en su caso, en vía judicial sobre dicho objeto pudiera variar.

¿Quiénes están legitimados en este procedimiento de acción de división de la cosa común?

Legitimación activa

De acuerdo con el ya mencionado artículo 400 del Código Civil, ningún propietario estará obligado a permanecer en la comunidad. **Cada uno de ellos podrá pedir en cualquier momento que se divida la cosa común.**

Por lo tanto, a la vista de lo anterior, estarán legitimados activamente cualquiera de los cónyuges o excónyuges propietarios de la cosa que se pretende dividir.

De acuerdo con el artículo 403 del Código Civil, los acreedores o cesionarios de los partícipes podrán concurrir a la división de la cosa común y oponerse a la que se verifique sin su concurso. Por lo que, **¿están legitimados activamente los acreedores o cesionarios?** El **Tribunal Supremo, a través de su sentencia n.º 24/2011, de 28 de enero, ECLI:ES:TS:2011:225,** dispone que **los acreedores de los copropietarios carecen de legitimación activa para pedir la división.** El derecho que se les reconoce es triple:

- La **concurrencia** a la división, para comprobar que la división se hace de una manera correcta, sin que se produzca fraude.

- La **oposición** a la división, que sirve para salvaguardar los derechos de los acreedores en un momento anterior a la división.

- La **impugnación**, en relación con la división, que se dará en un momento posterior, para garantizar sus derechos.

CUESTIÓN

Una tercera persona adquiere un bien adjudicado a uno de los cónyuges tras la liquidación del régimen económico matrimonial y de división del bien. ¿Podrá este tercer interesado solicitar la ejecución de la resolución por la que se divide el patrimonio común de los cónyuges?

Para dar respuesta a esta cuestión es interesante traer a colación la **sentencia del Tribunal Supremo n.º 598/2009, de 18 de septiembre, ECLI:ES:TS:2009:5440,** que señala que esa tercera persona carecería de derecho real alguno sobre la parte de la cosa y únicamente ostentaría un derecho de carácter personal frente al cónyuge que le vendió dicha porción, derivado del contrato de compraventa. En consecuencia, la acción que podría asistir a esa tercera persona serán las de carácter personal frente a su vendedor y nunca frente a terceros, por lo que, no tendrá legitimación activa para instar una acción de división de cosa común o, en su caso, la ejecución de la misma.

Legitimación pasiva

La legitimación pasiva la ostentará en este caso el cónyuge que no haya instado la acción de división de cosa común.

CUESTIÓN

«A» es copropietario junto con el matrimonio compuesto por «B» y «C» de una finca sita en Marbella. ¿«A» podrá dirigir la acción de división de cosa común contra uno solo de los cónyuges o debe de demandar a ambos cónyuges?

La sentencia del Tribunal Supremo n.º 728/2000, de 10 de julio, ECLI:ES:TS:2000:5665, señala que la demanda debe de ser dirigida contra ambos cónyuges y ello impone que han de ser llamados conjuntamente al proceso. La doctrina jurisprudencial así lo viene exigiendo al declarar que el litisconsorcio se convierte en necesario.

¿Se puede acumular la acción de división de cosa común al procedimiento de separación o divorcio?

Sí, de acuerdo con el mencionado **artículo 437.4.4.ª de la Ley de Enjuiciamiento Civil:**

> «En los procedimientos de separación, divorcio o nulidad y en los que tengan por objeto obtener la eficacia civil de las resoluciones o decisiones eclesiásticas, cualquiera de los cónyuges podrá ejercer simultáneamente la acción de división de la cosa común respecto de los bienes que tengan en comunidad ordinaria indivisa. Si hubiere diversos bienes en régimen de comunidad ordinaria indivisa y uno de los cónyuges lo solicitare, el tribunal puede considerarlos en conjunto a los efectos de formar lotes o adjudicarlos».

La petición de división de cosa común, aunque se acumule al procedimiento de separación o divorcio, **debe formularse de forma expresa y diferenciada en la demanda,** ya que se trata de una pretensión diferenciada, además, como ya hemos señalado, para ejercer acumuladamente la acción de divorcio y la acción de división de los bienes comunes, no debe existir controversia sobre la titularidad común de los bienes (**sentencia de la Audiencia Provincial de Barcelona n.° 350/2015, de 14 de mayo, ECLI:ES:APB:2015:4871**).

¿Qué efectos producirá la acumulación? En primer lugar y de acuerdo con el artículo 71.1 de la Ley de Enjuiciamiento Civil, la acumulación de acciones admitida **producirá el efecto de discutirse todas las acciones en un mismo procedimiento y resolverse en una sola sentencia.**

En este sentido, es interesante la **sentencia de la Audiencia Provincial de Madrid n.° 199/2014, de 28 de febrero, ECLI:ES:APM:2014:3625,** donde la sentencia apelada deniega la admisión a trámite de la pretensión relativa a la acción de división de cosa común, de disolución de comunidad ordinaria indivisa, por considerar inadecuada la acumulación de acciones en razón a lo dispuesto en el artículo 71 de la Ley de Enjuiciamiento Civil. Por ello, en este caso, tampoco se considera competente el juzgado de familia. Sigue la sentencia señalando que los juzgados de familia tienen competencia para el conocimiento del procedimiento para la liquidación del régimen económico matrimonial, de conformidad con lo establecido en el artículo 806 de la Ley de Enjuiciamiento Civil, como quiera que el artículo 808 del mismo texto legal permite la posibilidad de solicitar la formación de inventario una vez admitida la demanda de nulidad, separación o divorcio, o iniciado el proceso en cuestión, y a tenor de esta normativa específica contenida en dicha excepción cuarta del número 3 del citado precepto, y por tratarse de una cuestión meramente económica entre los cónyuges, no se entendería que siendo competente el juzgado de familia para la liquidación de cualquier régimen matrimonial, no lo sea para conocer de la acción de división de cosa común, si es que los cónyuges hacen uso de la facultad que legalmente ahora se les reconoce.

ANEXO I.
CASOS PRÁCTICOS

Caso práctico | Liquidación de cuenta bancaria indistinta en régimen separación de bienes

PLANTEAMIENTO

«A» y «B» se casaron bajo el régimen de separación de bienes el 25 de julio de 2015. El 30 de marzo de 2016 a la madre de «A» le toca un premio de lotería de 5.000.000 de euros, de los que dona a su hijo/a, «A», 1.000.000 de euros. «A» ingresa el dinero que le ha donado su madre en una cuenta indistinta que tiene con su cónyuge «B». A efectos del IRPF ambos declaraban el 50% de dicha cuenta, si bien, «B» no hizo ninguna operación individualmente. «A» compró un coche utilizando el dinero de la cuenta figurando solo él como propietario/a del mismo.

El 4 de octubre de 2019 «A» y «B» se divorcian y «B» solicita que la mitad de la suma de dinero que hay en la referida cuenta indistinta se declare de su propiedad.

¿Tendrá recorrido la solicitud de «B»?

RESPUESTA

En primer lugar, debemos señalar que en ningún momento hubo donación del dinero por parte de la madre de «A» a «B», puesto que si hubiera querido hacerlo bastaba con haberla incluido en la escritura de donación, ni tampoco puede considerarse que hubo donación por parte de su cónyuge «A» por el hecho de haber ingresado el dinero en la cuenta.

En segundo lugar, debemos apuntar que es **doctrina reiterada** del Tribunal Supremo establece que:

> «que la cuenta corriente bancaria expresa una disponibilidad de fondos a favor de los titulares de la misma contra la entidad bancaria que las retiene, no pudiendo aceptarse el criterio de que el dinero depositado en tales cuentas indistintas pase a ser propiedad de unos de ellos, por el solo hecho de figurar como titular indistinta, porque el contrato de depósito, la relación jurídica se establece entre el depositante, dueño de la cosa depositada, y el depositario que la recibe, no modificándose la situación legal de aquel, en cuanto a lo depositado, por la designación de persona o personas que la puedan retirar».

Por lo que, tales depósitos indistintos no suponen por ello una comunidad de dominio sobre los objetos depositados.

Por ello, el mero hecho de apertura de una cuenta corriente bancaria, en forma indistinta, a nombre de dos o más personas, lo único que significa *prima facie,* es que cualquiera de los titulares tendrá frente a la entidad bancaria depositaria, facultades dispositivas de saldo que arroje la cuenta, pero no determina por sí solo la existencia de condominio que vendrá determinado únicamente por las relaciones internas y, más concretamente, por la propiedad originaria de los fondos o numerario de que se nutre dicha cuenta.

En consecuencia, el dinero depositado en la referida cuenta bancaria es de exclusiva pertenencia de «A», que lo recibió de su madre, aclarando que la creación de la cuenta no supone acto de donación alguno del dinero aportado a la misma por uno de los cónyuges.

Finalmente, señalar que las conclusiones resultar obvias en cuanto a la inexistencia de una comunidad de bienes sujeta a los artículos 392 y siguientes del Código Civil, cuya parte pueda reivindicar uno de los partícipes, y más estando casados bajo el régimen matrimonial de absoluta separación de bienes, que precisamente pretende evitar la vinculación patrimonial que «B» quiere hacer efectiva mediante su solicitud, pretendiendo en este caso la asimilación de este régimen al de la sociedad de gananciales, por parte de quien solo figura como cotitular no pudiendo demostrar en este caso la propiedad del dinero depositado.

Además, las declaraciones de IRPF no justifican de ninguna manera tal propiedad.

A este respecto es de interés la lectura de la **sentencia del Tribunal Supremo n.º 83/2013, de 15 de febrero, ECLI:ES:TS:2013:505.**

Caso práctico | Liquidación separación de bienes. Atribución de un bien privativo (vivienda como despacho profesional)

PLANTEAMIENTO

El 7 de agosto de 2004 «A» y «B» contraen matrimonio bajo el régimen de gananciales. De este matrimonio nacieron dos hijos. Pasado el tiempo, el 10 de febrero de 2012, «A» y «B» liquidan la sociedad de gananciales y pactan un régimen de separación de bienes. Se atribuye a «A» el piso que constituye la vivienda familiar y a «B» la propiedad de otro piso, si bien, dicho piso siguió siendo usado por «A» para el ejercicio de su profesión como fisioterapeuta, sin pago de renta alguna por dicho uso.

El 20 de septiembre de 2015 «B» presenta demanda de divorcio y solicita que se le atribuya el uso de la vivienda que «A» estaba ocupando y usando como despacho profesional, y «A», por su parte, también pide la atribución para sí de la misma.

¿A quién le corresponderá el uso de esa vivienda? ¿Quién será competente para resolver dicha atribución?

RESPUESTA

En primer lugar, debemos de tener en cuenta que se pretende por «A» la atribución del uso de una vivienda privativa que no constituye domicilio familiar del cónyuge no titular y rige el régimen de separación de bienes.

En este sentido, las Audiencias Provinciales adoptan posturas contradictorias, la **postura mayoritaria** consiste en la negación de la atribución del uso de la vivienda distinta de aquella que constituye el domicilio familiar, dado que el artículo 96 del Código Civil no prevé la asignación de otra distinta (sentencias de la Audiencia Provincial de Valencia n.° 640/2002, de 4 de diciembre, ECLI:ES:APV:2002:6855 y n.° 170/2003, de 13 de marzo, ECLI:ES:APV:2003:1981, entre otras).

La **postura minoritaria**, incluye sentencias que, atendiendo al caso concreto, declaran la posibilidad de atribuir viviendas distintas a la de la vivienda familiar a los solo/s efectos de cubrir las necesidades de habitación y respecto de inmuebles que sean propiedad de ambos cónyuges con carácter ganancial (sentencias de la Audiencia Provincial de Madrid n.° 528/2001, de 25 de mayo, ECLI:ES:APM:2001:7654 y n.° 269/2003, de 13 de marzo, ECLI:ES:APM:2003:3210, entre otras).

Asimismo, existe una **postura intermedia**, ya que en algunas sentencias se ha negado la atribución del uso y disfrute de vivienda distinta a la habitual. En ellas se asigna la administración a uno de los cónyuges también en casos de necesidades de habitación y respecto de inmuebles que sean propiedad de ambos cónyuges con carácter ganancial (sentencias de la Audiencia Provincial de Madrid n.° 608/2005, de 19 de julio, ECLI:ES:APM:2005:9131 y n.° 560/2007, de 25 de septiembre, ECLI:ES:APM:2007:11920, entre otras).

En el presente caso la vivienda no constituye la vivienda familiar, ni lo ha constituido en ningún momento, sino que se ha usado como despacho profesional de «A»; dicha vivienda es privativo y la actividad de fisioterapeuta de «A» no está condicionada por el inmueble que ocupa.

En cuanto a la competencia, los cónyuges se rigen, como ya hemos señalado, por el régimen de separación de bienes, por lo que no se deberían de producir problemas de atribución de bienes, porque los patrimonios están claramente fijados. Por ello el juez de familia no tiene competencia para atribuir el uso de bienes distintos de aquellos que constituyan la vivienda familiar.

En este sentido es muy interesante la **sentencia del Tribunal Supremo n.º 284/2012, de 9 de mayo, ECLI:ES:TS:2012:3057**, en la que se formula la siguiente doctrina:

> «[…] a los efectos de unificar la de las Audiencias Provinciales en esta materia: **en los procedimientos matrimoniales seguidos sin consenso de los cónyuges, no pueden atribuirse viviendas o locales distintos de aquel que constituye la vivienda familiar**».

Caso práctico | El cambio del régimen matrimonial de gananciales a separación de bienes ¿puede perjudicar a terceros?

PLANTEAMIENTO

«A» y «B» casados en régimen de gananciales desde el 10 de junio de 2013, acuerdan cambiar el régimen económico matrimonial (al de separación de bienes) y otorgan capitulaciones matrimoniales tras la liquidación del mismo el 25 de mayo de 2020.

Se adjudican a «B» dos fincas pasando a tener carácter de bienes privativos.

Vigente todavía el régimen económico matrimonial de gananciales, «A» contrae unas deudas derivadas del IRPF y del IVA y como consecuencia de su impago recae un embargo sobre las fincas adjudicadas a «B».

¿Qué cónyuge responderá de las deudas contraídas con la Agencia Tributaria con respecto a las fincas embargadas?

RESPUESTA

La jurisprudencia, se funda en el principio de subsidiariedad, así como en el principio general con arreglo al cual la modificación del régimen económico matrimonial a tenor de lo dispuesto en el artículo 1317 del Código Civil, no puede perjudicar en ningún caso los derechos adquiridos por terceros con relación a los bienes adjudicados a «B», al sustituirse el régimen matrimonial de gananciales por el de separación de bienes.

Asimismo, el artículo 1401 del Código Civil señala que mientras no se hayan pagado por entero las deudas de la sociedad, los acreedores conservarán sus créditos contra el cónyuge deudor. El cónyuge no deudor responderá con los bienes que le hayan sido adjudicados, si se hubiere formulado debidamente, inventario judicial o extrajudicial.

En este caso, las fincas embargadas, al tiempo de nacer el crédito a favor de la Administración tributaria, eran fincas gananciales, ya que no se pudo probar que fueran privativas a efectos de destruir la presunción de ganancialidad del artículo 1361 del Código Civil.

En consecuencia, los bienes que eran gananciales y que han sido adjudicados a «B» responden de las deudas tributarias que serán a cargo de la comunidad de gananciales, ya que las referidas deudas nacieron cuando estaba vigente el régimen económico de gananciales.

Por tanto, la deuda tributaria es cargo de la sociedad de gananciales y la modificación del régimen económico matrimonial de gananciales a separación de bienes no perjudica a terceros, sino que estos conservan sus créditos contra el cónyuge deudor y no deudor, a quien han sido adjudicados los bienes de aquella comunidad, y por lo tanto es válido el embargo.

Al respecto es interesante traer a colación la **sentencia del Tribunal Supremo n.º 514/2005, de 21 de junio, ECLI:ES:TS:2005:4023.**

Caso práctico | Tratamiento en IRPF de compensación económica entre cónyuges en caso de divorcio en separación de bienes

PLANTEAMIENTO

Dos cónyuges en régimen de separación de bienes se divorcian y en virtud del convenio regulador de divorcio, ratificado judicialmente, uno de ellos compensa económicamente al otro en base al artículo 1438 del CC. ¿Cómo tributa ese pago para su perceptor? ¿Tributa como lo haría una pensión compensatoria (artículo 97 del CC) o estará exenta de acuerdo con el artículo 33.3 de la LIRPF?

RESPUESTA

La compensación prevista en el artículo 1438 del CC, establecida en sentencia o en el convenio ratificado judicialmente, no constituye renta para su perceptor ni reduce la base imponible del cónyuge obligado a satisfacerla [artículo 33.3.d) de la LIRPF].

El artículo 1438 del CC establece, en el marco del régimen de separación de bienes, que «*los cónyuges contribuirán al sostenimiento de las cargas del matrimonio. A falta de convenio lo harán proporcionalmente a sus respectivos recursos económicos. El trabajo para la casa será computado como contribución a las cargas y dará derecho a obtener una compensación que el Juez señalará, a falta de acuerdo, a la extinción del régimen de separación*».

Por lo que se refiere a la incidencia de esta clase de compensaciones en el IRPF, según el apartado 3.d) del artículo 33 de la LIRPF, se estimará que no existe ganancia o pérdida patrimonial:

> «d) En la extinción del régimen económico matrimonial de separación de bienes, cuando por imposición legal o resolución judicial se produzcan compensaciones, dinerarias o mediante la adjudicación de bienes, por causa distinta de la pensión compensatoria entre cónyuges.
>
> Las compensaciones a que se refiere esta letra d) no darán derecho a reducir la base imponible del pagador ni constituirá renta para el perceptor.
>
> El supuesto al que se refiere esta letra d) no podrá dar lugar, en ningún caso, a las actualizaciones de los valores de los bienes o derechos adjudicados».

Así las cosas, y a los efectos del IRPF, la cuantía de la compensación prevista en el artículo 1438 del CC establecida en la sentencia o en el convenio ratificado judicialmente correspondiente al procedimiento de divorcio no constituye renta para su perceptor ni reduce la base imponible del cónyuge obligado a satisfacerla.

En este sentido se pronuncian, por ejemplo, las consultas vinculantes de la Dirección General de Tributos (V1523-24), de 20 de junio de 2024; (V0597-24), de 9 de abril de 2024; o (V3949-15), de 10 de diciembre de 2015.

ANEXO II.
FORMULARIOS

Demanda de divorcio de mutuo acuerdo. Sin hijos. Separación de bienes

A TENER EN CUENTA. Por la reforma realizada por la LO 1/2025, de 2 de enero, una vez implantados de forma efectiva los tribunales de instancia (D.T. 1.ª), todas las referencias realizadas a los juzgados unipersonales se entenderán realizadas a las secciones del orden jurisdiccional correspondiente de los tribunales de instancia. En este caso, el art. 86 de la LOPJ atribuye esta materia a la Sección de Familia, Infancia y Capacidad.

A TENER EN CUENTA. Desde el 03/04/2025 por la reforma realizada por la LO 1/2025, de 2 de enero, se exige para la admisión de las demandas civiles el haber acudido a un medio adecuado de solución de controversias (MASC). Es el artículo 5 de la LO 1/2025, de 2 de enero, el que determina estos casos. Así, en materia de divorcios/separaciones de mutuo acuerdo se pueden entender que la aportación del correspondiente convenio regulador hace muestra del acuerdo alcanzado entre las partes.

AL JUZGADO DE PRIMERA INSTANCIA / A LA SECCIÓN DE FAMILIA, INFANCIA Y CAPACIDAD DEL TRIBUNAL DE INSTANCIA DE [LOCALIDAD] (1)

Don/Doña [NOMBRE_PROCURADOR_CLIENTE], procurador/a de los tribunales con número de colegiado/a [NUMEROCOLEGIADO_PROCURADOR_CLIENTE], en nombre y representación de Don/Doña [NOMBRE_CLIENTE], con domicilio en esta ciudad [DOMICILIO_CLIENTE], y provisto/a de DNI número [NUMERO] y de Don/Doña [NOMBRE_CLIENTE], con domicilio en esta ciudad [DOMICILIO_CLIENTE], y provisto/a de DNI número [NUMERO] lo que acredito mediante escritura de poder general para pleitos, con la asistencia letrada de Don/Doña [NOMBRE_ABOGADO_CLIENTE], colegiado/a número [NUMERO], ante este/a juzgado/sección comparezco y, como mejor proceda en derecho, **DIGO:**

Que en la acreditada representación formulo **DEMANDA DE DIVORCIO DE MUTUO ACUERDO** con base en los siguientes

HECHOS

PRIMERO.- Mis mandantes contrajeron matrimonio [CIVIL/CANONICO] en régimen de gananciales el [FECHA], inscrito en el Registro Civil de [LUGAR].

Se acompañan como **docs.** [NUMERO] **y** [NUMERO], el certificado de matrimonio y las capitulaciones matrimoniales.

SEGUNDO.- De dicho matrimonio no hubo descendencia.

TERCERO.- Durante los años [AÑO] a [AÑO], en que ambos cónyuges mantuvieron la convivencia, el domicilio familiar se encontraba en esta ciudad en [DOMICILIO], según se acredita con la aportación del certificado de empadronamiento como **documento n.º** [NUMERO].

CUARTO.- Ambos cónyuges poseen unos ingresos similares, no procediendo pensión compensatoria a favor de ninguno de ellos.

QUINTO.- Tampoco ha lugar establecimiento de compensación económica (*ex.* art. 1438 CC) al no contribuir ninguno de los cónyuges a las cargas del matrimonio sólo con el trabajo realizado para la casa.

SEXTO.- Con fecha [FECHA], y siendo voluntad de ambos cónyuges obtener la disolución del vínculo matrimonial que les une, firmaron un convenio regulador por el que manifiestan su intención de adaptarlo a la nueva situación que supondrá el divorcio.

Se acompaña con el presente, como **doc.** [NUMERO] convenio regulador que deberán ratificar ambas partes.

A estos hechos le son de aplicación los siguientes

FUNDAMENTOS DE DERECHO

I.- JURISDICCIÓN Y COMPETENCIA

Los **arts.** 21, 22 y 86 de la **LOPJ** y 36, 46 y 769 de la **Ley de Enjuiciamiento Civil** atribuyen a la jurisdicción española, y concretamente a los juzgados de primera instancia / las secciones civiles de los tribunales de instancia, el conocimiento de esta materia.

Es competente el juzgado / la sección del lugar del domicilio conyugal o, caso de residir los cónyuges en distintos partidos judiciales, será tribunal competente, a elección del demandante, el del último domicilio del matrimonio o el de residencia del demandado.

II.- CAPACIDAD, LEGITIMACIÓN Y POSTULACIÓN

Mis representados ostentan la capacidad necesaria para ser parte en el presente proceso, de conformidad con lo dispuesto en los artículos 6 y siguientes de la Ley de Enjuiciamiento Civil (LEC) y está legitimado para la presentación de esta demanda, en aplicación del art. 10 de la Ley de Enjuiciamiento Civil (LEC).

De acuerdo con el **artículo 750 de la LEC**, esta parte comparece representada por procurador/a legalmente habilitado/a para actuar ante los tribunales de esta ciudad y bajo la dirección técnica de letrado/a ejerciente.

III.- MEDIOS ADECUADOS DE SOLUCIÓN DE CONTROVERSIAS (MASC)

Para la presentación de esta demanda se ha cumplido con el requisito de procedibilidad dispuesto en el artículo 5 de la LO 1/2025, de 2 enero, a través de la firma entre ambas partes del convenio regulador, cuya negociación se realizó de la siguiente manera [ESPECIFICAR] **(2)**.

IV.- PROCEDIMIENTO

Se seguirá el cauce establecido en el **art.** 777 de la Ley de Enjuiciamiento Civil.

V.- FONDO DEL ASUNTO

Tal y como se establece en el **artículo 86 del Código Civil (CC)**, se decretará judicialmente el divorcio, cualquiera que sea la forma de celebración del matrimonio, a petición de uno solo de los cónyuges, de ambos o de uno con el consentimiento del otro, cuando concurran los requisitos y circunstancias exigidos en el artículo 81, es decir una vez transcurridos tres meses desde la celebración del matrimonio.

Conforme a los **arts.** 86 por relación al 81 *«in fine»* y 90, **todos CC y 774 LEC**, el juzgado / la sección deberá homologar el Convenio Regulador que se aporta, como medidas definitivas de la situación derivada del divorcio, puesto que no es gravemente perjudicial para ninguno de los cónyuges, y en su caso, aplicar las garantías adicionales que procedan.

La sentencia que se dicte tendrá acceso al Registro Civil mediante actuación de oficio del LAJ en aplicación del **art. 755 de la LEC**, y su inscripción deberá precisar, en aplicación del **art. 263** del Reglamento del Registro Civil.

VI.- *IURA NOVIT CURIA*

En todo lo no invocado resulta de aplicación el principio *iura novit curia*, plasmado en el párrafo segundo del punto primero del artículo 218 de la Ley de Enjuiciamiento Civil, en virtud del cual serán aplicables las demás normas que sean de pertinente, especial o general aplicación, y que el juzgador podrá tener en cuenta de oficio sin necesidad de que hayan sido previamente alegados o invocados por alguna de las partes intervinientes.

Por lo expuesto,

SUPLICO:

Teniendo por presentado este escrito junto con sus copias y documentos adjuntos, los admita, les de la tramitación legal oportuna y, previos los trámites de rigor, entre los que se interesa la ratificación de las partes en el convenio aportado, dicte resolución por la que decrete la disolución del matrimonio de los actuantes por divorcio, aprobando el convenio regulador que se acompaña.

Con todos los efectos legales inherentes a esta declaración.

Por ser justicia en [LUGAR] a [FECHA].

Fdo.: D./D.ª [NOMBRE_ABOGADO]   Fdo.: D./D.ª [NOMBRE_PROCURADOR]

Col. n.º: [NUMERO_ABOGADO]   Col. n.º: [NUMERO_PROCURADOR]

OTROSÍ DIGO: siendo intención de esta parte cumplir con todos los requisitos legales, a tenor de lo previsto en el artículo 231 de la Ley de Enjuiciamiento Civil, se solicita se le diere traslado de cualquier defecto que adoleciere la presente demanda, para la inmediata subsanación de la misma.

En su virtud,

SUPLICO:

Tenga por efectuada la anterior manifestación a los efectos oportunos.

Por ser justicia en fecha y lugar *ut supra*.

Fdo.: D./D.ª [NOMBRE_ABOGADO]   Fdo.: D./D.ª [NOMBRE_PROCURADOR]

Col. n.º: [NUMERO_ABOGADO]   Col. n.º: [NUMERO_PROCURADOR]

---

(1) Por la reforma realizada por la LO 1/2025, de 2 de enero, una vez implantados de forma efectiva los tribunales de instancia (D.T. 1.ª), todas las referencias realizadas a los juzgados unipersonales se entenderán realizadas a las secciones del orden jurisdiccional correspondiente de los tribunales de instancia. En este caso, el art. 86 de la LOPJ atribuye esta materia a la Sección de Familia, Infancia y Capacidad.

(2) Desde el 03/04/2025 por la reforma realizada por la LO 1/2025, de 2 de enero, se exige para la admisión de las demandas civiles el haber acudido a un medio adecuado de solución de controversias (MASC). Es el artículo 5 de la LO 1/2025, de 2 de enero, el que determina estos casos. Así, en materia de divorcios/separaciones de mutuo acuerdo se pueden entender que la aportación del correspondiente convenio regulador hace muestra del acuerdo alcanzado entre las partes.

Modelo de capitulaciones matrimoniales: Régimen de separación de bienes

CAPITULACIONES MATRIMONIALES OTORGADAS POR DON/DOÑA [NOMBRE_CLIENTE] Y DON/DOÑA [NOMBRE_CLIENTE]

NÚMERO [NUMERO]

En [CIUDAD] a [DIA] de [MES] de [AÑO]

ANTE MI [NOMBRE_NOTARIO] Notario del Ilustre Colegio [COLEGIO_NOTARIO] de [CIUDAD], con vecindad y residencia en la misma.

COMPARECEN

Don/Doña [NOMBRE_CLIENTE], mayor de edad, soltero/a y vecino/a de [CIUDAD]; provisto/a de [NIF_CIF_DNI_CLIENTE], y don/doña [NOMBRE_CLIENTE], mayor de edad, soltero/a y vecino/a de [CIUDAD]; provisto/a de [NIF_CIF_DNI_CLIENTE]

Intervienen en su propio nombre y derecho.

Tienen, a mi juicio, capacidad legal necesaria para otorgar la presente escritura de **CAPITULACIONES MATRIMONIALES,** y al efecto

EXPONEN

I.- Su intención de contraer matrimonio en [LOCALIDAD], el [DIA] de [MES] de [AÑO]

II.- Su voluntad de organizar el régimen económico matrimonial, según se establece en las siguientes,

CLÁUSULAS

PRIMERA.- RÉGIMEN

Los futuros esposos declaran que el matrimonio que pretenden celebrar se entenderá contraído bajo el **régimen de separación de bienes.**

Por ello, cada uno de ellos conservará la propiedad y el goce de los bienes muebles e inmuebles, derechos y acciones que puedan pertenecerles actualmente o que adquieran en lo sucesivo, cualquiera que sea el titulo de adquisición.

No será responsable ninguno de ellos de las deudas del otro creadas antes o durante el matrimonio, o que graven o afecten a las sucesiones o liberalidades recibidas por ellos.

Los futuros esposos tendrán la entera y libre administración y disposición de sus bienes y rentas sin ninguna restricción y sin que en ningún caso necesiten el consentimiento o la asistencia del uno para el otro, para la realización de cualquier acto o negocio jurídico de administración o disposición.

Si ambos adquieren algún bien, su titularidad se determinará según lo convenido, y a falta de acuerdo, les pertenecerá por partes iguales.

SEGUNDA.- RECONOCIMIENTO Y PRUEBA DE BIENES PRIVATIVOS

Cada uno de los futuros esposos reconocen como privativos del otro, sin perjuicio de lo que se establece en esta escritura, todos los que existan a su nombre al contraer matrimonio.

Cualquiera de ellos podrá hacer constar la propiedad de sus bienes por los medios de prueba previstos en la Ley.

TERCERA.- CONTRIBUCIÓN A LAS CARGAS DEL MATRIMONIO

Los futuros esposos contribuirán a las cargas del matrimonio en proporción a sus rentas, beneficios y ganancias, sin obligación de rendir cuentas. (1)

CUARTA.- INSCRIPCIÓN

Solicitan la inscripción en el Registro Civil correspondiente.

QUINTA.- APLICACIÓN SUPLETORIA

En lo no previsto se regirán por lo establecido en el artículo 1435 del Código Civil y siguientes

Leída esta escritura, enterados los comparecientes de su contenido, la consienten y firman.

De la identidad de los otorgantes, de la capacidad y legitimación que, a mi juicio tienen, de que el consentimiento por parte de estos ha sido libremente prestado, así como que este otorgamiento es conforme a la legalidad y a la voluntad debidamente informada de los otorgantes, y del contenido de esta escritura pública, yo, el Notario, DOY FE.

---

(1) Otra opción es optar por la contribución a las cargas del matrimonio a partes iguales

Recurso de apelación contra el pronunciamiento sobre compensación económica de la sentencia de separación, divorcio o nulidad matrimonial

Procedimiento: Separación/Divorcio contenciosa/a

Número: [NÚMERO/AÑO]

A LA AUDIENCIA PROVINCIAL DE [PROVINCIA] (1)

D./D.ª [NOMBRE PROCURADOR CLIENTE], procurador/a de los tribunales, colegiado/a n.º [NÚMERO] en nombre y representación, de D./D.ª [NOMBRE_CLIENTE] tal y como consta acreditado en las actuaciones, bajo la asistencia letrada de D./D.ª [NOMBRE ABOGADO CLIENTE], colegiado/a n.º [NÚMERO], ante la audiencia comparezco y, como mejor proceda en derecho, **DIGO:**

Por medio del presente escrito, interponemos **RECURSO DE APELACIÓN**, conforme al artículo 458 de la Ley de Enjuiciamiento Civil, contra la sentencia n.º [SENTENCIA NÚMERO], dictada por el Juzgado de Primera Instancia de [LOCALIDAD] y recaída en los autos del procedimiento [NÚMERO_AÑO], que fue notificada en fecha [FECHA], de conformidad con el artículo 458.2 de la LEC, impugnando el pronunciamiento relativo a la compensación económica que se determina a favor de mi cliente en [CANTIDAD].

Y ello de conformidad con las siguientes,

ALEGACIONES

PRIMERA.- En la sentencia de separación/divorcio, se fija como compensación económica a favor de D./D.ª [NOMBRE CLIENTE], una cantidad de [CANTIDAD] euros a percibir durante el plazo de [ESPECIFICAR], concedida en base a que [DESCRIPCIÓN].

SEGUNDA.- Conforme al artículo 458.1 de la LEC se interpone el presente recurso de apelación en el plazo de 20 días desde la notificación de la sentencia, ante el órgano que la dictó.

TERCERA.- El único pronunciamiento recurrido, es el relativo a la compensación económica reconocida en el artículo 1438 del del Código Civil, la cual se establece que se abonará durante el plazo de [ESPECIFICAR], afectándole muy desfavorablemente la sentencia impugnada a esta parte, tal y como se exige en el artículo 448.1 de la LEC.

La sentencia de [SEPARACIÓN/DIVORCIO], fija como compensación económica a favor de D./D.ª [NOMBRE CLIENTE], una cantidad de [CANTIDAD] euros, fundamentándola de la siguiente manera:

> «Durante la vigencia del matrimonio D./D.ª [NOMBRE CLIENTE] ha contribuido con trabajo doméstico perdiendo, en consecuencia, numerosas oportunidades laborales ya que se encuentra en una situación de desempleo desde el año [AÑO]...».

En dicha fundamentación, se señala que la compensación económica será por la cantidad de [CANTIDAD], *«cantidad que se estima adecuada para que el/la esposa/esposo pueda hacer frente a todos los gastos necesario hasta que pueda encontrar un empleo, y poder vivir sin necesidad de ayudas, [...]».*

Por nuestra parte, entendemos que la compensación fijada para ese plazo de tiempo resulta insuficiente, debido a los siguientes hechos:

[DESCRIPCIÓN].

Por todo ello, entendemos más justificado que la compensación sea concedida por un plazo de [NÚMERO] de años en la cantidad de [CANTIDAD] euros, atendiendo a las circunstancias económico-sociales, y a las que a mi mandante afectan directamente (2).

A título ilustrativo, la **sentencia del Tribunal Supremo n.º 495/2019, de 25 de septiembre, ECLI:ES:TS:2019:2949**:

> «[...]por lo que el desequilibrio que debe compensarse ha de tener su origen en la pérdida de derechos económicos o legítimas expectativas por parte del cónyuge más desfavorecido por la ruptura, a consecuencia de su mayor dedicación al cuidado de la familia. (STS. 18 de noviembre de 2014, recurso 1695/2013 , 13 de julio de 2014, recurso 79/2013 , entre otras)».

Asimismo, la **sentencia del Tribunal Supremo n.º 534/2011, de 14 de julio, ELCI:ES:TS:2011:4874**, instauró el siguiente criterio:

> «Para que uno de los cónyuges tenga derecho a obtener la compensación establecida en el art. 1438 CC será necesario: 1.º que los cónyuges hayan pactado un régimen de separación de bienes; 2.º **que se haya contribuido a las cargas del matrimonio solo con el trabajo realizado para la casa.** Deben excluirse, por tanto, criterios basados en el enriquecimiento o el incremento patrimonial del otro cónyuge que no pueden tenerse en consideración cuando uno de ellos ha cumplido su obligación legal de contribuir con trabajo doméstico».

En cuanto a la cantidad de la compensación económica la **sentencia del Tribunal Supremo n.º 300/2016, de 5 de mayo, ECLI:ES:TS:2016:1898**:

> «Una de las opciones posibles es el equivalente al salario mínimo interprofesional o **la equiparación del trabajo con el sueldo que cobraría por llevarlo a cabo una tercera persona**, de modo que se contribuye con lo que se deja de desembolsar o se ahorra por la falta de necesidad de contratar este servicio ante la dedicación de uno de los cónyuges al cuidado del hogar. Sin duda es un criterio que ofrece unas razonables y objetivas pautas de valoración, aunque en la práctica pueda resultar insuficiente en cuanto se niega al acreedor alguno de los beneficios propios de los asalariados que revierten en el beneficio económico para el cónyuge deudor y se ignora la cualificación profesional de quien resulta beneficiado. Pero nada obsta a que el juez utilice otras opciones para fijar finalmente la cuantía de la compensación, teniendo en cuenta que uno de los cónyuges sacrifica su capacidad laboral o profesional a favor del otro, sin generar ingresos propios ni participar en los del otro'».

Por ello,

SUPLICO A LA AUDIENCIA:

Que, por presentado este escrito, lo admita junto con sus documentos y copias y tenga por interpuesto **RECURSO DE APELACIÓN**, contra la sentencia n.º [NÚMERO SENTENCIA] y, tras los trámites oportunos, proceda a dictar sentencia estimatoria de nuestra pretensión y acuerde ampliar la pensión compensatoria a [NÚMERO] años, a contar desde la fecha de la sentencia de instancia.

Todo ello con expresa imposición de costas a la adversa.

Por ser justicia que pido en [LOCALIDAD] a [DIA] de [MES] de [AÑO].

Letrado/a D./D.ª [NOMBRE]

[NÚMERO_COLEGIADO ABOGADO_CLIENTE]

Procurador/a D./D.ª [NOMBRE]

[NÚMERO_COLEGIADO_PROCURADOR_CLIENTE]

PRIMER OTROSÍ DIGO: en virtud de lo dispuesto en el artículo 460 de la LEC apartado 2.º se solicita la práctica de las siguientes pruebas: [DESCRIPCIÓN] **(3)**.

Por ser justicia, fecha y lugar *ut supra*.

En su virtud,

SUPLICO:

Que tenga por efectuada la anterior manifestación y admita y practique la prueba solicitada.

Por ser justicia fecha y lugar *ut supra*.

Letrado/a D./D.ª [NOMBRE]

[NÚMERO_COLEGIADO ABOGADO_CLIENTE]

Procurador/a D./D.ª [NOMBRE]

[NÚMERO_COLEGIADO_PROCURADOR_CLIENTE]

SEGUNDO OTROSÍ DIGO: siendo intención de esta parte cumplir con todos los requisitos legales, a tenor de lo previsto en el artículo 231 de la Ley de Enjuiciamiento Civil, se solicita se le diere traslado de cualquier defecto que adoleciere la presente demanda, para la inmediata subsanación de la misma.

SUPLICO:

Que tenga por efectuada la anterior manifestación a los efectos oportunos.

Por ser justicia, fecha y lugar *ut supra*.

Letrado/a D./D.ª [NOMBRE]

[NÚMERO_COLEGIADO ABOGADO_CLIENTE]

Procurador/a D./D.ª [NOMBRE]

[NÚMERO_COLEGIADO_PROCURADOR_CLIENTE]

---

(1) Tras la reforma operada en el art. 458 LEC por el RD-ley 6/2023, de 19 de diciembre, con entrada en vigor el 20/03/2024, el recurso de apelación se interpone ante el tribunal competente para conocer del mismo dentro del plazo de 20 días desde la notificación de la resolución impugnada, de la cual debe acompañarse copia.

(2) En caso de aportación de nuevas pruebas, solo podrán acompañarse al escrito de interposición los documentos que se encuentren en alguno de los casos previstos en el artículo 270 de la LEC y que no hayan podido aportarse en la primera instancia. En el escrito de interposición se podrá pedir, además, la práctica en segunda instancia de las pruebas siguientes: 1.ª Las que hubieren sido indebidamente denegadas en la primera instancia, siempre que se hubiere

intentado la reposición de la resolución denegatoria o se hubiere formulado la oportuna protesta en la vista. 2.ª. Las propuestas y admitidas en la primera instancia que, por cualquier causa no imputable al que las hubiere solicitado, no hubieren podido practicarse, ni siquiera como diligencias finales. 3.ª. Las que se refieran a hechos de relevancia para la decisión del pleito ocurridos después del comienzo del plazo para dictar sentencia en la primera instancia o antes de dicho término siempre que, en este último caso, la parte justifique que ha tenido conocimiento de ellos con posterioridad.

(3) Para el caso de que se interese prueba nueva.

Demanda de divorcio con reclamación de indemnización compensatoria del art. 1438 del CC

A TENER EN CUENTA. Por la reforma realizada por la LO 1/2025, de 2 de enero, una vez implantados de forma efectiva los tribunales de instancia (D.T. 1.ª), todas las referencias realizadas a los juzgados unipersonales se entenderán realizadas a las secciones del orden jurisdiccional correspondiente de los tribunales de instancia. En este caso, el art. 86 de la LOPJ atribuye esta materia a la Sección de Familia, Infancia y Capacidad.

A TENER EN CUENTA. Desde el 03/04/2025 por la reforma realizada por la LO 1/2025, de 2 de enero, se exige para la admisión de las demandas civiles el haber acudido a un medio adecuado de solución de controversias (MASC). Es el artículo 5 de la LO 1/2025, de 2 de enero, el que determina estos casos.

AL JUZGADO DE PRIMERA INSTANCIA N.º [NÚMERO] **DE** [CIUDAD]/ **A LA SECCIÓN DE FAMILIA, INFANCIA Y CAPACIDAD DEL TRIBUNAL DE INSTANCIA DE** [ESPECIFICAR] **(3)**

D./D.ª [NOMBRE PROCURADOR CLIENTE], procurador/a de los Tribunales, en nombre y representación de **D./D.ª** [NOMBRE CLIENTE] cuya representación se acredita por medio de poder [NOTARIAL/APUD ACTA] copia del cual acompaño como **documento n.º** [NÚMERO], bajo la dirección letrada de D./D.ª [NOMBRE ABOGADO CLIENTE] colegiado n.º [NÚMERO] por el ICA de [LUGAR], ante este juzgado/esta sección comparezco y, como mejor proceda en derecho,

DIGO

Que, por medio del presente escrito, vengo a formular **DEMANDA DE DIVORCIO** frente a [NOMBRE_PARTECONTRARIA], con DNI [DNI] y domicilio en [DOMICILIO], de conformidad con los siguientes,

HECHOS

PRIMERO.- Mi mandante y el demandado contrajeron matrimonio [CIVIL/CANÓNICO] el [FECHA] en [LUGAR]. Así consta en la inscripción del Registro Civil de [LUGAR], tomo [NÚMERO], página [NÚMERO]. Acompañamos certificación como **documento n.º** [NÚMERO].

El régimen económico matrimonial es el de separación de bienes, de conformidad con las capitulaciones matrimoniales otorgadas en fecha [FECHA] ante el notario [NOMBRE] de [LUGAR]. Se adjunta escritura pública como documento n.º [NÚMERO].

De la unión matrimonial no ha habido descendencia.

SEGUNDO.- Mi mandante es licenciada en derecho pero se ha dedicado durante el matrimonio al cuidado del hogar conyugal, motivo por el que nunca ha ejercido su presión ni ha llevado a cabo ninguna otra actividad laboral por cuenta propia o ajena **(1)**.

TERCERO.- Esta parte ha intentado, sin éxito, llegar a un acuerdo sobre la procedencia de la compensación y su cuantía. Se adjunta la comunicación remitida por [MEDIO_FEHACIENTE] como **documento n.º** [NÚMERO].

Aunque la cuantía la fijará el juez discrecionalmente, como explicaremos en la fundamentación jurídica de esta demanda, se propone, en atención a los años de dedicación exclusiva de mi mandante a las tareas del hogar, una compensación consistente en el porcentaje de [NÚMERO] % del patrimonio adquirido por el demandado con el ejercicio de su actividad profesional. Se adjunta documental acreditativa de dicho patrimonio como **documento n.º** [NÚMERO].

A los anteriores hechos le resultan de aplicación los siguientes,

FUNDAMENTOS DE DERECHO

I.- JURISDICCIÓN

Corresponde a la jurisdicción civil según el artículo 36 de la LEC.

II.- COMPETENCIA

De conformidad con lo dispuesto en el artículo 769 de la LEC, será competente el juzgado de primera instancia/la sección del tribunal de instancia del lugar del último domicilio conyugal o, caso de residir los cónyuges en distintos partidos judiciales, será tribunal competente, a elección del demandante, el del último domicilio del matrimonio o el de residencia del demandado.

III.- CAPACIDAD Y LEGITIMACIÓN

Mi representado/a ostenta la capacidad necesaria para ser parte en el presente proceso, de conformidad con lo dispuesto en los artículos 6 y siguientes de la Ley de Enjuiciamiento Civil y está legitimado para la presentación de esta demanda, en aplicación del artículo 10 de la Ley de Enjuiciamiento Civil con relación al artículo 86 del Código Civil.

IV.- REPRESENTACIÓN Y POSTULACIÓN

Se cumplen los requisitos de defensa y postulación conforme al artículo 750 de la Ley de Enjuiciamiento Civil al comparecer esta parte representada por procurador legalmente habilitado para actuar ante los juzgados y tribunales de esta ciudad y bajo la dirección técnica de letrado ejerciente.

V.- PROCEDIMIENTO

Se seguirán los trámites del juicio verbal, según lo dispuesto en el artículo 770 de la Ley de Enjuiciamiento Civil.

VI.- INTERVENCIÓN DEL MINISTERIO FISCAL

No es preceptiva la intervención del Ministerio Fiscal al no existir, en el concreto caso que nos ocupa, hijos menores o hijos mayores con medidas de apoyo.

VII. MEDIOS ADECUADOS DE SOLUCIÓN DE CONTROVERSIAS (MASC)

Según lo establecido en el art. 5 de la LO 1/2025, de 2 de enero, las partes han acudido a [DESCRIPCIÓN PROCESO MASC] en los términos siguientes [ESPECIFICAR]. **(4)**

A estos efectos adjuntamos los siguientes documentos: **(5)**

Documento n.º [NÚMERO].

Documento n.º [NÚMERO].

VII.- FONDO DEL ASUNTO

- Artículo 86 del Código Civil:

>«Se decretará judicialmente el divorcio, cualquiera que sea la forma de celebración del matrimonio, a petición de uno solo de los cónyuges, de ambos

o de uno con el consentimiento del otro, cuando concurran los requisitos y circunstancias exigidos en el artículo 81».

- Artículo 91 del Código Civil (2):

«En las sentencias de nulidad, separación o divorcio, o en ejecución de las mismas, la autoridad judicial, en defecto de acuerdo de los cónyuges o en caso de no aprobación del mismo, determinará conforme a lo establecido en los artículos siguientes las medidas que hayan de sustituir a las ya adoptadas con anterioridad en relación con los hijos, la vivienda familiar, el destino de los animales de compañía, las cargas del matrimonio, liquidación del régimen económico y las cautelas o garantías respectivas, estableciendo las que procedan si para alguno de estos conceptos no se hubiera adoptado ninguna. Estas medidas podrán ser modificadas cuando se alteren sustancialmente las circunstancias.

Cuando al tiempo de la nulidad, separación o divorcio existieran hijos comunes mayores de dieciséis años que se hallasen en situación de necesitar medidas de apoyo por razón de su discapacidad, la sentencia correspondiente, previa audiencia del menor, resolverá también sobre el establecimiento y modo de ejercicio de éstas, las cuáles, en su caso, entrarán en vigor cuando el hijo alcance los dieciocho años de edad. En estos casos la legitimación para instarlas, las especialidades de prueba y el contenido de la sentencia se regirán por lo dispuesto en la Ley de Enjuiciamiento Civil acerca de la provisión judicial de medidas de apoyo a las personas con discapacidad».

- Artículo 95 del Código Civil:

«La sentencia firme producirá, respecto de los bienes del matrimonio, la disolución del régimen económico matrimonial».

- Artículo 1438 del Código Civil:

«Los cónyuges contribuirán al sostenimiento de las cargas del matrimonio. A falta de convenio, lo harán proporcionalmente a sus respectivos recursos económicos. El trabajo para la casa será computado como contribución a las cargas y dará derecho a obtener una compensación que el Juez señalará, a falta de acuerdo, a la extinción del régimen de separación».

- Sobre el **concepto de la compensación del artículo 1438 del CC y su distinción con la pensión compensatoria del artículo 97 del CC, la sentencia del Tribunal Supremo n.º 252/2017, de 26 de abril, ECLI:ES:TS:2017:1591** establece:

«Es preciso distinguir la compensación del artículo 1438 del C. Civil, de la pensión compensatoria establecida en el artículo 97 del C. Civil. Mediante la pensión compensatoria se cuantifica el desequilibrio que tras la separación o divorcio se produce en uno de los cónyuges, valorando la pérdida de oportunidades profesionales y teniendo en cuenta como uno más de los criterios la "dedicación pasada y futura a la familia". Por otro lado, la compensación del artículo 1438 del C. Civil tiene su base en el trabajo para la casa realizado por uno de los cónyuges, bajo un régimen de separación de bienes, al valorarlo como una contribución al sostenimiento de las cargas familiares. La pensión compensatoria se puede acordar cualquiera que sea el régimen económico matrimonial, analizándose el desequilibrio presente y futuro. Por su parte, **en base al artículo 1438 del C. Civil , solo puede** acordarse en régimen de separación de bienes y se analiza la situación existente durante el matrimonio y hasta el momento de la extinción del régimen de separación de bienes, para determinar el valor del trabajo en el hogar. La pensión compensatoria del artículo 97 del C. Civil se otorga en consideración a la contribución pasada a la familia, pero también valorando la dedicación futura a los hijos, en su caso, para apreciar la posible existencia de desequilibrio económico. Sin embargo, la compensación del artículo 1438 del C. Civil no se establece en consideración a la dedicación futura a la familia, ni a la situación de desequilibrio, sino solo en función de la pasada dedicación a la familia, vigente el régimen económico de separación y hasta la extinción del mismo».

La doctrina del Tribunal Supremo sobre esta compensación se encuentra resumida en la **sentencia del Tribunal Supremo n.º 185/2017, de 14 de marzo, ECLI:ES:TS:2017:977** establece:

«En su interpretación, esta sala, a partir de la sentencia 534/2011, de 14 de julio, ha fijado la siguiente doctrina:

"El derecho a obtener la compensación por haber contribuido uno de los cónyuges a las cargas del matrimonio con trabajo doméstico en el régimen de separación de bienes requiere que habiéndose pactado este régimen, se haya contribuido a las cargas del matrimonio solo con el trabajo realizado para la casa. Se excluye, por tanto, que sea necesario para obtener la compensación que se haya producido un incremento patrimonial del otro cónyuge".

Y ante las posibles dudas interpretativas que esta doctrina podía haber suscitado en la decisión de algunas Audiencias Provinciales, señaló en las sentencias de 135/2015, de 26 de marzo, 136/2015, de 14 de abril y 614/2015, de 15 de noviembre, lo siguiente:

"Por un lado, ha excluido la exigencia del enriquecimiento del deudor que debe pagar la compensación por trabajo doméstico. De otro, exige que **la dedicación del cónyuge al trabajo y al hogar sea exclusiva**, no excluyente, ('solo con el trabajo realizado para la casa'), lo que impide reconocer, de un lado, el derecho a la compensación en aquellos supuestos en que el cónyuge que lo reclama hubiere compatibilizado el cuidado de la casa y la familia con la realización de un trabajo fuera del hogar, a tiempo parcial o en jornada completa, y **no excluirla, de otro, cuando esta dedicación, siendo exclusiva, se realiza con la colaboración ocasional del otro cónyuge, comprometido también con la contribución a las cargas del matrimonio, o con ayuda externa,** pues la dedicación se mantiene al margen de que pueda tomarse en consideración para cuantificar la compensación, una vez que se ha constatado la concurrencia de los presupuestos necesarios para su reconocimiento. **El trabajo para la casa no solo es una forma de contribución, sino que constituye también un título para obtener una compensación en el momento de la finalización del régimen** —STS 14 de julio de 2011—».

La sentencia de 11 de diciembre de 2015 señala a su vez que se trata de una norma de liquidación del régimen económico matrimonial de separación de bienes que no es incompatible con la pensión compensatoria, aunque pueda tenerse en cuenta a la hora de fijar la compensación"».

- **Sobre la posibilidad de trabajar fuera de casa** dice aquella sentencia (STS n.º 185/2017, de 14 de marzo, ECLI:ES:TS:2017:977):

«(...) en ningún caso el artículo 1438 exige que para ser merecedor de la compensación haya existido una imposibilidad probada y manifiesta, para poder trabajar fuera casa por parte del cónyuge que solicita la compensación».

- Sobre el reconocimiento del derecho a la compensación aunque el cónyuge hubiese trabajado por cuenta ajena si este trabajo se realizaba en condiciones laborales precarias, STS n.º 252/2017, de 26 de abril, ECLI:ES:TS:2017:1591:

««Trabajo para la casa». Establece el artículo 1438 del C. Civil: «Los cónyuges contribuirán al sostenimiento de las cargas del matrimonio. A falta de convenio lo harán proporcionalmente a sus respectivos recursos económicos. El trabajo para la casa será computado como contribución a las cargas y dará derecho a obtener una compensación que el Juez señalará, a falta de acuerdo, a la extinción del régimen de separación». De este precepto se deduce que el trabajo para la casa se considera una contribución al sostenimiento de las cargas del matrimonio (arts. 1318 y 1362 del C. Civil). En la sentencia recurrida se entiende que el trabajo efectuado por la esposa colaborando en la empresa regentada por el marido, en régimen de autónomo y con un salario de 600 euros, puede equipararse al "trabajo en el hogar", si bien dado que en otros períodos trabajó ella "por cuenta ajena", pondera la indemnización a conceder declarando: "Valorando que la esposa ha trabajado y compatibilizado las labores del hogar hasta 2005, plenamente desde 2005 hasta el 2007 y parcialmente desde 2007 aunque haya figurado como autónoma en el negocio familiar resulta obvio que con el trabajo en el hogar ha contribuido a las cargas del matrimonio, se calcula ponderadamente durante aproximadamente 7 años y medio dado que la dedicación durante varios periodos era parcial en función de las circunstancias concurrentes (aproximadamente 90 meses a razón de una compensación de 300 euros mensuales), procediendo fijar dicha indemnización en la suma total de 27.000 euros". Cuando se introduce el último apartado del artículo 1438 en el Código Civil, se hace bajo la reforma de la Ley de 13 de mayo de 1981, que plasma el principio constitucional de igualdad (artículo 14 de la Constitución) y ello para evitar cualquier desequilibrio relacional en el sistema matrimonial. La regla sobre compensación contenida en el artículo 1438 del CC, dirigida a mitigar la desconsideración de que es objeto en el régimen de separación el cónyuge que se dedica de forma exclusiva al trabajo para la casa, pudo responder en su origen al presupuesto de quien solo se había dedicado al hogar y no había realizado ninguna suerte de actividad remunerada. En la realidad social actual (artículo 3.1 del C. Civil), más allá de aquella inspiración que movió al legislador a introducir una compensación económica para ese cónyuge, parece oportuno atender a la situación frecuente de quien ha trabajado con mayor intensidad para la casa pero, al mismo tiempo, ha colaborado con la actividad profesional o empresarial del otro, fuera por tanto del ámbito estrictamente doméstico, aun cuando medie remuneración, sobre todo si esa colaboración se compatibiliza y organiza en función de las necesidades y organización de la casa y la familia. En el presente caso, es relevante que la esposa trabajó en la casa y, además, en el negocio familiar con un salario moderado y contratada como autónoma en el negocio de su suegra, lo que le privaba de indemnización por despido. Por tanto esta sala debe declarar que la colaboración en actividades profesionales o negocios familiares, en condiciones laborales precarias, como es el caso, puede considerarse como trabajo para la casa que da derecho a una compensación, mediante una interpretación de la expresión "trabajo para la casa" contenida en el artículo 1438 del CC, dado que con dicho trabajo se atiende principalmente al sostenimiento de las cargas del matrimonio de forma similar al trabajo en el hogar. Con este pronunciamiento, se adapta la jurisprudencia de esta sala, recogida entre otras en sentencias 534/2011 135/2015, al presente supuesto en el que la esposa no solo trabajaba en el hogar sino que además trabajaba en el negocio familiar (del que era titular su suegra) con un salario moderado y contratada como autónoma en el negocio de su suegra, lo que le privaba de indemnización por despido, criterio que ya se anticipaba en sentencia 136/2017, de 28 de febrero que atiende para denegar el derecho a la compensación económica citada a que la realización de un trabajo fuera del hogar se haya realizado "por cuenta ajena"».

-Sobre la cuantificación de la compensación establece el alto tribunal que tendrá que fijarla el juez, a falta de acuerdo entre en los cónyuges, según los siguientes criterios:

«La forma de determinar cuantía de la compensación ofrece algunos problemas. En la sentencia de esta Sala de 14 de julio de 2011 se dijo que el artículo 1438 del CC se remite al convenio, o sea a lo que los cónyuges, al pactar este régimen, puedan establecer respecto a los parámetros a utilizar para fijar la concreta cantidad debida y la forma de pagarla. Ahora bien, esta opción no se utiliza, como sería deseable, ni se ha utilizado en este caso por lo que entonces será el juez quien deba fijarla, para lo cual el Código no contiene ningún tipo de orientación que no sea la que resulta de una norma especial en el marco del régimen económico matrimonial de separación de bienes y no del de participación de los artículos 1411 y siguientes del Código Civil. Una de las opciones posibles es el equivalente al salario mínimo interprofesional o la equiparación del trabajo con el sueldo que cobraría por llevarlo a cabo una tercera persona, de modo que se contribuye con lo que se deja de desembolsar o se ahorra por la falta de necesidad de contratar este servicio ante la dedicación de uno de los cónyuges al cuidado del hogar. Sin duda es un criterio que ofrece unas razonables y objetivas pautas de valoración, aunque en la práctica pueda resultar insuficiente en cuanto se niega al acreedor alguno de los beneficios propios de los asalariados que revierten en el beneficio económico para el cónyuge deudor y se ignora la cualificación profesional de quien resulta beneficiado. Pero nada obsta a que el juez utilice otras opciones para fijar finalmente la cuantía de la compensación, teniendo en cuenta que uno de los cónyuges sacrifica su capacidad laboral o profesional a favor del otro, sin generar ingresos propios ni participar en los del otro» (STS n.º 614/2015, de 25 de noviembre, ECLI:ES:TS:2015:4897).

Según esta sentencia algunos criterios que deben tenerse en cuenta: son los años de convivencia y al apoyo que la esposa ha tenido de terceras personas en la realización de las tareas del hogar, sin que la situación patrimonial que pretende hacer valer el esposo sea óbice para ello.

«(...) cuya cuantificación se efectuará, con libertad de criterio, en el trámite de ejecución de sentencia sin exceder de la solicitada, y sin tomar en consideración el posible incremento patrimonial de uno de los cónyuges, del que pueda ser participe el otro». (STS n.º 185/2017, de 14 de marzo. ECLI:ES:TS:2017:977).

Por lo expuesto,

SUPLICO AL JUZGADO/A LA SECCIÓN

Que tenga por presentado este escrito con sus copias y documentos, se sirva admitirlos, y tenga por interpuesta **DEMANDA DE DIVORCIO**, la admita a trámite y, previos los trámites legales oportunos, dicte sentencia cuyo fallo disponga lo siguiente:

1) Se declare la disolución del matrimonio, decretando el divorcio del matrimonio.

2) Se acuerde una compensación a mi mandante por el trabajo realizado en el hogar de [NÚMERO] euros.

Por ser Justicia que pido en [LOCALIDAD] a [DÍA] de [MES] de [AÑO].

Ldo. [NOMBRE Y FIRMA LETRADO]   Proc. [NOMBRE Y FIRMA PROCURADOR]

OTROSÍ DIGO: siendo intención de esta parte cumplir con todos los requisitos legales, a tenor de lo previsto en el artículo 231 de la Ley de Enjuiciamiento Civil, se solicita se le diere traslado de cualquier defecto que adoleciere este recurso, para la inmediata subsanación de la misma.

SUPLICO:

Que tenga por efectuada la anterior manifestación a los efectos oportunos.

Por ser de justicia, fecha y lugar *ut supra*.

---

(1) Explicar detalladamente y acreditar la dedicación de la demandante a las tareas del hogar.

(2) El Código Civil ha sufrido una modificación por la publicación de la Ley 17/2021, de 15 de diciembre, de modificación del Código Civil, la Ley Hipotecaria y la Ley de Enjuiciamiento Civil, sobre el régimen jurídico de los animales, por la que se reconoce a los animales como seres vivos dotados de sensibilidad. Por ello, se introducen en las normas relativas a las crisis matrimoniales preceptos destinados a concretar el régimen de convivencia y cuidado de los animales de compañía, cuestión que ya ha sido objeto de controversia en nuestros tribunales. Para ello, se contempla el pacto sobre los animales domésticos y se sientan los criterios sobre los cuales los tribunales deben tomar la decisión de a quién entregar el cuidado del animal, atendiendo a su bienestar. Se modifican (en materia de crisis matrimoniales) los artículos 90-92, se añade un nuevo artículo 94 bis y se modifica también el art. 103 todos ellos del CC, con entrada en vigor el 05/01/2021.

(3) Por la reforma realizada por la LO 1/2025, de 2 de enero, una vez implantados de forma efectiva los tribunales de instancia (D.T. 1.ª), todas las referencias realizadas a los juzgados unipersonales se entenderán realizadas a las secciones del orden jurisdiccional correspondiente de los tribunales de instancia. En este caso, el art. 86 de la LOPJ atribuye esta materia a la Sección de Familia, Infancia y Capacidad.

(4) De acuerdo con el segundo párrafo del art. 399.3 de la LEC se hará constar en la demanda la descripción del proceso de negociación previo llevado a cabo o la imposibilidad del mismo, conforme a lo establecido en el ordinal 4.º del artículo 264, y se manifestarán, en su caso, los documentos que justifiquen que se ha acudido a un medio adecuado de solución de controversias, salvo en los supuestos exceptuados en la Ley de este requisito de procedibilidad.

(5) Documentos que acrediten haberse intentado la actividad negociadora previa a la vía judicial cuando la ley exija dicho intento como requisito de procedibilidad, o declaración responsable de la parte de la imposibilidad de llevar a cabo la actividad negociadora previa a la vía judicial por desconocer el domicilio de la parte demandada o el medio por el que puede ser requerido.

Contestación a la demanda de divorcio. Compensación económica

> **A TENER EN CUENTA.** Por la reforma realizada por la LO 1/2025, de 2 de enero, una vez implantados de forma efectiva los tribunales de instancia (D.T. 1.ª), todas las referencias realizadas a los juzgados unipersonales se entenderán realizadas a las secciones del orden jurisdiccional correspondiente de los tribunales de instancia. En este caso, el art. 86 de la LOPJ atribuye esta materia a la Sección de Familia, Infancia y Capacidad.

Procedimiento: Divorcio Contencioso

Número: [NÚMERO]/[AÑO]

AL JUZGADO DE PRIMERA INSTANCIA N.º [NÚMERO] DE [LOCALIDAD]/A LA SECCIÓN DE FAMILIA, INFANCIA Y CAPACIDAD DEL TRIBUNAL DE INSTANCIA DE [LOCALIDAD] (3)

D./D.ª [NOMBRE_PROCURADOR_CLIENTE], procurador/a de los tribunales, n.º de colegiado [NÚMERO] en nombre y representación de D./D.ª [NOMBRE_CLIENTE] con DNI [NÚMERO], cuya representación se acredita por medio de poder [NOTARIAL/APUD ACTA] copia del cual acompaño como documento n.º [NÚMERO], bajo la dirección letrada de D./D.ª [NOMBRE ABOGADO CLIENTE] colegiado n.º [NÚMERO], ante este juzgado comparezco y, como mejor proceda en derecho,

DIGO

En fecha [FECHA] se nos ha notificado demanda de divorcio, concediéndosenos un plazo de [NÚMERO] días a los efectos de contestar a la misma.

Y, dentro del plazo indicado, por medio de la presente interpongo **CONTESTACIÓN A LA DEMANDA DE DIVORCIO** presentada por D./D.ª [NOMBRE_PARTECONTRARIA], con DNI [NÚMERO].

Y todo ello con base en los siguientes,

HECHOS

PREVIO.- Esta parte muestra su disconformidad con el correlativo fáctico salvo que expresamente en la presente se indique lo contrario.

PRIMERO.- Conforme con el correlativo de la adversa en tanto en cuanto contrajimos matrimonio [DESCRIPCIÓN] en [FECHA] bajo el régimen legal de separación de bienes.

Se adjunta como **documento n.º** [NÚMERO] y **documento n.º** [NÚMERO] copia de certificado matrimonial y copia de la escritura notarial otorgada al efecto.

SEGUNDO.-Conforme con el correlativo de la adversa en tanto en cuanto [DESCRIPCIÓN] (1).

TERCERO.- Disconforme con el correlativo en relación a la compensación económica.

Así, lo alegado de adverso no infiere el derecho de la misma a obtener una compensación, de conformidad con lo dispuesto en el artículo 1.438 del Código Civil, toda vez que, como se demostrará en fase de prueba [DESCRIPCIÓN].

A estos hechos le son de aplicación los siguientes,

FUNDAMENTOS DE DERECHO

PREVIO.- Disconformes con los correlativos salvo que expresamente indiquemos nuestra conformidad.

I.- JURISDICCIÓN Y COMPETENCIA

Conforme con el correlativo pues es de aplicación el artículo 21 de la Ley Orgánica del Poder Judicial y artículo 36 de la Ley de Enjuiciamiento Civil, indicando que serán competentes, para conocer de estos asuntos, los juzgados y tribunales españoles del orden jurisdiccional civil.

Según el artículo 85 de la LOPJ, le corresponderá el conocimiento de este asunto, a los juzgados de primera instancia/Según el art. 86 de la LOPJ, le corresponderá el conocimiento de este asunto a la sección de familia.

En concreto, de conformidad con los artículos 769 y siguientes de la LEC, le corresponderá al juzgado/a la sección al/a la que me dirijo.

II.- CAPACIDAD Y LEGITIMACIÓN

Que están legitimados de forma activa y pasiva, los cónyuges, y en aplicación del **artículo 749, apartado 2 de la LEC** deberá intervenir el Ministerio Fiscal cuando estén afectados por este pleito menores, persona con discapacidad o esté en situación de ausencia legal.

III.- POSTULACIÓN

Conforme asimismo con el correlativo al ser preceptiva la representación por medio de procurador/a y la asistencia letrada, en virtud de los **artículos 23 y 31 ambos de la LEC**, así como el **artículo 750 de la misma**

IV.- FONDO DEL ASUNTO

Con respecto al divorcio, nos remitimos a lo dispuesto en los **artículos 85** y siguientes del CC.

Conviene centrar el debate en la discrepancia con respecto a la compensación económica reflejada en el **art. 1438 del CC** estableciendo el mismo que *«los cónyuges contribuirán al sostenimiento de las cargas del matrimonio. A falta de convenio lo harán proporcionalmente a sus respectivos recursos económicos. El trabajo para la casa será computado como contribución a las cargas y dará derecho a obtener una compensación que el Juez señalará, a falta de acuerdo, a la extinción del régimen de separación».*

Es de lo más clarificadora la **STS n.º 252/2017, de 26 de febrero, ECLI:ES:TS:2017:1591**, ya que en la misma se puede observar:

Naturaleza Jurídica

«Es preciso distinguir la compensación del art. 1438 del C. Civil , de la pensión compensatoria establecida en el art. 97 del C. Civil. Mediante la pensión compensatoria se cuantifica el desequilibrio que tras la separación o divorcio se produce en uno de los cónyuges, valorando la pérdida de oportunidades profesionales y teniendo en cuenta como uno más de los criterios la «dedicación pasada y futura a la familia». Por otro lado, la compensación del art. 1438 del C. Civil tiene su base en el trabajo para la casa realizado por uno de los cónyuges, **bajo un régimen de separación de bienes,** al valorarlo como una contribución al sostenimiento de las cargas familiares. La pensión compensatoria se puede acordar cualquiera que sea el régimen económico matrimonial, analizándose el desequilibrio presente y futuro. Por su parte, en base al art. 1438 C. Civil , solo puede acordarse en régimen de separación de bienes y se analiza la situación existente durante el matrimonio y hasta el momento de la extinción del régimen de separación de bienes, para determinar el valor del trabajo en el hogar. (...)».

Doctrina

«(...) a partir de la sentencia 534/2011, de 14 de julio, fijó la siguiente doctrina, recogida en sentencia 185/2017, de 14 de marzo, recurso 893/2015 : «El derecho a obtener la compensación por haber contribuido uno de los cónyuges a las cargas del matrimonio con trabajo doméstico en el régimen de separación de bienes requiere que habiéndose pactado este régimen, se haya contribuido a las cargas del matrimonio **solo con el trabajo realizado para la casa. Se excluye, por tanto, que sea necesario para obtener la compensación que se haya producido un incremento patrimonial del otro cónyuge**". (...) ha excluido la exigencia del enriquecimiento del deudor que debe pagar la compensación por trabajo doméstico. De otro, exige que la dedicación del cónyuge al trabajo y al hogar sea exclusiva, no excluyente, ("solo con el trabajo realizado para la casa"), lo que impide reconocer, de un lado, el derecho a la compensación en aquellos supuestos en que el cónyuge que lo reclama hubiere compatibilizado el cuidado de la casa y la familia con la realización de un trabajo fuera del hogar, a tiempo parcial o en jornada completa, y no excluirla, de otro, cuando esta dedicación, siendo exclusiva, se realiza con la colaboración ocasional del otro cónyuge, (...)».

Interpretación

«"**Trabajo para la casa**".(...) se deduce que el trabajo para la casa se considera una contribución al sostenimiento de las cargas del matrimonio (arts. 1318 y 1362 del C. Civil). (...) En la realidad social actual (...) parece oportuno atender a la situación frecuente de quien ha trabajado con mayor intensidad para la casa pero, al mismo tiempo, ha colaborado con la actividad profesional o empresarial del otro, fuera por tanto del ámbito estrictamente doméstico, aun cuando medie remuneración, sobre todo si esa colaboración se compatibiliza y organiza en función de las necesidades y organización de la casa y la familia. En el presente caso, es relevante que la esposa trabajó en la casa y, además, en el negocio familiar con un salario moderado y contratada como autónoma en el negocio de su suegra, lo que le privaba de indemnización por despido. Por tanto esta sala debe declarar que la **colaboración en actividades profesionales o negocios familiares, en condiciones laborales precarias, como es el caso, puede considerarse como trabajo para la casa que da derecho a una compensación, mediante una interpretación de la expresión «trabajo para la casa» contenida en el art. 1438 CC, dado que con dicho trabajo se atiende principalmente al sostenimiento de las cargas del matrimonio de forma similar al trabajo en el hogar.** (...)».

V.- PRUEBA (2)

[DESCRIPCIÓN].

VI.- INTERVENCIÓN DEL MINISTERIO FISCAL

Es preceptiva la intervención del Ministerio Público al existir menores, de conformidad con lo dispuesto en el art. 749 de la LEC.

VII.- COSTAS

No procede la imposición de costas, cada parte abonará las costas causadas a su instancia, y las comunes a partes iguales. (Art. 394 de la LEC).

VIII.- *IURA NOVIT CURIA*

En todo lo no invocado resulta de aplicación el principio *iura novit curia*, plasmado en el párrafo segundo del punto primero del artículo 218 de la Ley de Enjuiciamiento Civil, en virtud del cual serán aplicables las demás normas que sean de pertinente, especial o general aplicación, y que el juzgador podrá tener en cuenta de oficio sin necesidad de que hayan sido previamente alegados o invocados por alguna de las partes intervinientes.

En su virtud,

SUPLICO AL JUZGADO/A LA SECCIÓN:

Que tenga por presentado este escrito, junto con sus documentos y copias, lo admita, y proceda a darle traslado a la parte demandante, y se me tenga como comparecido y parte en la representación que ostento, entendiéndose conmigo la sucesivas actuaciones, y tenga por formulada la presente **CONTESTACIÓN A LA DEMANDA DE DIVORCIO**, y previos los trámites oportunos, se dicte sentencia por la que se **DECLARE EL DIVORCIO** de los actuantes, no estableciendo ninguna otra medida, desestimando la totalidad de los pedimentos de adversos, distintos a la disolución por divorcio.

Todo ello sin hacer expresa imposición en costas en atención a la materia objeto de discusión.

Por ser justicia que pido en [LOCALIDAD] a [DÍA] de [MES] de [AÑO].

Letrado D./D.ª [NOMBRE]

[NÚMEROCOLEGIADO ABOGADO_CLIENTE]

Procurador D./D.ª [NOMBRE]

[NÚMEROCOLEGIADO_PROCURADOR_CLIENTE]

OTROSÍ DIGO: siendo intención de esta parte cumplir con todos los requisitos legales, a tenor de lo previsto en el artículo 231 de la Ley de Enjuiciamiento Civil, se solicita se le diere traslado de cualquier defecto que adoleciere la presente demanda, para la inmediata subsanación de la misma.

SUPLICO AL JUZGADO/A LA SECCIÓN:

Que tenga por efectuada la anterior manifestación a los efectos oportunos.

Por ser de justicia, fecha y lugar *ut supra*.

Letrado D./D.ª [NOMBRE]

[NÚMEROCOLEGIADO ABOGADO_CLIENTE]

Procurador D./D.ª [NOMBRE]

[NÚMEROCOLEGIADO_PROCURADOR_CLIENTE]

---

(1) Existencia de hijo/s menores/mayores de edad.

(2) Expresar, en su caso, si impugnamos alguna prueba presentada de adverso (sobre todo la documental presentada). Téngase en consideración que documental no impugnada se puede entender como admitida.

(3) Por la reforma realizada por la LO 1/2025, de 2 de enero, una vez implantados de forma efectiva los tribunales de instancia (D.T. 1.ª), todas las referencias realizadas a los juzgados unipersonales se entenderán realizadas a las secciones del orden jurisdiccional correspondiente de los tribunales de instancia. En este caso, el art. 86 de la LOPJ atribuye esta materia a la Sección de Familia, Infancia y Capacidad.

Demanda de separación matrimonial acumulada a acción de división de cosa común

---

A TENER EN CUENTA. Por la reforma realizada por la LO 1/2025, de 2 de enero, una vez implantados de forma efectiva los tribunales de instancia (D.T. 1.ª), todas las referencias realizadas a los juzgados unipersonales se entenderán realizadas a las secciones del orden jurisdiccional correspondiente de los tribunales de instancia. En este caso, el apartado 5 del art. 86 de la LOPJ, en su letra a), atribuye a la Sección de Familia, Infancia y Capacidad la jurisdicción exclusiva y excluyente de las materias *«relativas al matrimonio y a su régimen económico matrimonial y las que tengan por objeto la adopción o modificación de medidas de trascendencia familiar y otras acciones derivadas de la crisis matrimonial o de la unión de hecho».*

A TENER EN CUENTA. Desde el 03/04/2025 por la reforma realizada por la LO 1/2025, de 2 de enero, se exige para la admisión de las demandas civiles el haber acudido a un medio adecuado de solución de controversias (MASC). Es el artículo 5 de la LO 1/2025, de 2 de enero, el que determina estos casos.

AL JUZGADO DE PRIMERA INSTANCIA / A LA SECCIÓN DE FAMILIA, INFANCIA Y CAPACIDAD DEL TRIBUNAL DE INSTANCIA DE [LOCALIDAD] (1)

D./D.ª [NOMBRE_PROCURADOR_CLIENTE] procurador/a de los tribunales y de D./D.ª [NOMBRE_CLIENTE], en virtud de poder [notarial/apud acta] copia del cual acompaño como **documento n.º** [NÚMERO], bajo la dirección letrada de D./D.ª [NOMBRE_ABOGADO_CLIENTE] colegiado/a número [NÚMERO] por el ICA de [LUGAR], ante el juzgado comparezco y, como mejor proceda en Derecho, **DIGO:**

Por medio del presente escrito se presenta **DEMANDA DE SEPARACIÓN MATRIMONIAL Y ACUMULACIÓN DE DIVISIÓN DE COSA COMÚN**, contra D./D.ª [NOMBRE PARTE CONTRARIA] con DNI [NÚMERO] con domicilio [DOMICILIO_PARTE_CONTRARIA] y ello con base en los siguientes,

HECHOS

PRIMERO.- D./D.ª [NOMBRE_CLIENTE] y D./D.ª [NOMBRE_PARTE_CONTRARIA] contrajeron matrimonio [CIVIL/CANÓNICO] en [CIUDAD] el [FECHA], inscrito en el Registro Civil de [LUGAR] al libro [NÚMERO], tomo [NÚMERO], folio [NÚMERO].

Se adjunta como **documento n.º** [NÚMERO] certificado de la inscripción del matrimonio.

SEGUNDO.- El régimen económico del matrimonio es el de separación de bienes.

Se adjunta como **documento n.º** [NÚMERO] copia de la escritura notarial de capitulaciones matrimoniales.

TERCERO.- De dicho matrimonio no hubo descendencia.

CUARTO.- Queda acreditado por medio de la citada certificación de matrimonio, que han transcurrido más de tres meses desde la celebración del matrimonio, requisito para poder instar la separación matrimonial de acuerdo con el artículo 82 del Código Civil.

QUINTO.- Se aporta como **documento n.º** [NÚMERO] nota simple, expedida por el Registro de la Propiedad de [CIUDAD], acreditativa del domicilio familiar, y donde consta que dicho inmueble pertenece a D./D.ª [NOMBRE_CLIENTE].

SEXTO.- Existen como bienes en común:

[DESCRIPCIÓN]

A los anteriores hechos, le son de aplicación los siguientes,

FUNDAMENTOS EN DERECHO

I.- JURISDICCIÓN Y COMPETENCIA

De tramitación ante la jurisdicción civil, según lo establecido en los arts. 9 y 21 de la Ley Orgánica del Poder Judicial (LOPJ).

Siendo competente el juzgado al que me dirijo, de conformidad con lo dispuesto en el **artículo 769 de la LEC.**

II.- CAPACIDAD Y LEGITIMACIÓN

Las partes ostentan capacidad procesal suficiente de conformidad con lo dispuesto en el **art. 6 de la LEC.**

Estando ambos legitimados en tanto en cuanto contrayentes del matrimonio cuya separación se solicita.

III.- POSTULACIÓN

Esta parte comparece representada por procurador y asistida por letrado, conforme a lo establecido en el **art. 750 de la LEC.**

IV.- MEDIOS ADECUADOS DE SOLUCIÓN DE CONTROVERSIAS (MASC)

Según lo establecido en el art. 5 de la LO 1/2025, de 2 de enero, las partes han acudido a [DESCRIPCIÓN PROCESO MASC] en los términos siguientes [ESPECIFICAR] **(2).**

A estos efectos adjuntamos los siguientes documentos **(3):**

- Documento n.º [NÚMERO].
- Documento n.º [NÚMERO].

V.- PROCEDIMIENTO

El procedimiento de separación se sustanciará conforme a lo preceptuado en el **art. 770 de la LEC.**

Por su parte, en lo relativo a la petición de acción de división de cosa común, resulta de aplicación el **artículo 437.4.4.ª** del mismo cuerpo legal, por el cual:

> «En los procedimientos de separación, divorcio o nulidad y en los que tengan por objeto obtener la eficacia civil de las resoluciones o decisiones eclesiásticas, cualquiera de los cónyuges podrá ejercer simultáneamente la acción de división de la cosa común respecto de los bienes que tengan en comunidad ordinaria indivisa. Si hubiere diversos bienes en régimen de comunidad ordinaria indivisa y uno de los cónyuges lo solicitare, el tribunal puede considerarlos en conjunto a los efectos de formar lotes o adjudicarlos»...

VI.- FONDO DEL ASUNTO

De la separación

El artículo 81.2 del CC establece que:

> «Se decretará judicialmente la separación cuando existan hijos menores no emancipados o hijos mayores respecto de los que se hayan establecido ju-

dicialmente medidas de apoyo atribuidas a sus progenitores, cualquiera que sea la forma de celebración del matrimonio: (...) 2.º A petición de uno solo de los cónyuges, una vez transcurridos tres meses desde la celebración del matrimonio. No será preciso el transcurso de este plazo para la interposición de la demanda cuando se acredite la existencia de un riesgo para la vida, la integridad física, la libertad, la integridad moral o libertad e indemnidad sexual del cónyuge demandante o de los hijos de ambos o de cualquiera de los miembros del matrimonio» (4).

De la división de condominio

El **artículo 437.4.4.ª de la LEC** determina que:

«En los procedimientos de separación, divorcio o nulidad y en los que tengan por objeto obtener la eficacia civil de las resoluciones o decisiones eclesiásticas, cualquiera de los cónyuges podrá ejercer simultáneamente la acción de división de la cosa común respecto de los bienes que tengan en comunidad ordinaria indivisa. Si hubiere diversos bienes en régimen de comunidad ordinaria indivisa y uno de los cónyuges lo solicitare, el tribunal puede considerarlos en conjunto a los efectos de formar lotes o adjudicarlos».

Del uso y disfrute de la vivienda

De aplicación lo dispuesto en el **artículo 96 del CC**, debiendo reseñar la jurisprudencia de nuestro Tribunal Supremo al respecto de la inexistencia de hijos, o los mismos ser mayores de edad, cuando el domicilio es de titularidad exclusiva de uno de los cónyuges. A este respecto la **STS n.º 372/2015, n.º 372/2015, de 17 de junio, ECLI:ES:TS:2015:2587**:

«Esta Sala debe declarar que el art. 96.3 del C. Civil permite, en ausencia de hijos que dependan de los padres, la atribución de la vivienda al cónyuge no titular cuando su interés fuese el más necesitado de protección, precepto interpretado entre otras en sentencia de 12 de febrero de 2014, rec. 383 de 2012».

Es por lo expuesto, y a tenor de que es mi mandante la parte que más necesidad tiene de protección, es por lo que se interesa que se le otorgue el uso y disfrute del domicilio por un tiempo de [NUMERO] años o con anterioridad, para el caso de la situación económica de la misma se vea mejorada.

De la pensión compensatoria

En relación a la intencionalidad de esta parte de atribución del domicilio, se encuentra la solicitud de la pensión compensatoria.

Ello partiendo de lo dispuesto en el **artículo 97 del CC**, y en atención a la jurisprudencia emanada de nuestro más Alto Tribunal, basta con la lectura de la **STS n.º 104/2014, de 20 de febrero, ECLI:ES:TS:2014:851**, que efectúa un análisis al respecto de la propia pensión compensatoria, tanto en cuanto su atribución como su temporalidad.

Así, nos encontramos con que nos indica que:

«El artículo 97 CC, según redacción introducida por la Ley 30/1981, de 7 de julio, regula el derecho a la pensión compensatoria como una prestación singular, con características propias, notoriamente alejada de la prestación alimenticia —en cuanto que, a diferencia de esta, no atiende al concepto de necesidad, razón por la que ambas resultan compatibles (SSTS de 2 de diciembre de 1987 y 17 de julio de 2009 [RC n.º 1369/2004])—, pero también de la puramente indemnizatoria o compensatoria —entre otras razones, porque el artículo 97 CC no contempla la culpabilidad del esposo deudor como una de las incidencias determinantes de su fijación (STS de 17 de julio de 2009) y porque no se compadece con su carácter indemnizatorio que sea posible su modificación a consecuencia de una alteración sustancial y posterior en la fortuna de uno y otro cónyuge y, por supuesto, su extinción—, que responde a un presupuesto básico consistente en la constatación de un efectivo desequilibrio económico, producido en uno de los cónyuges con motivo de la separación o el divorcio (no en la nulidad matrimonial), siendo su finalidad restablecer el equilibrio y no ser una garantía vitalicia de sostenimiento, perpetuar el nivel de vida que venían disfrutando o lograr equiparar económicamente los patrimonios, porque no significa paridad o igualdad absoluta entre estos.

-Según aclara la citada jurisprudencia, tal desequilibrio implica un empeoramiento económico en relación con la situación existente constante matrimonio; que debe resultar de la confrontación entre las condiciones económicas de cada uno, antes y después de la ruptura. De esto se sigue que, a diferencia de la pensión alimenticia, en la compensatoria no hay que probar la existencia de necesidad, toda vez que, como se ha dicho, el cónyuge más desfavorecido en la ruptura de la relación puede ser acreedor de la pensión aunque tenga medios suficientes para mantenerse por sí mismo. Lo que sí ha de probarse es que se ha sufrido un empeoramiento en su situación económica en relación a la que disfrutaba en el matrimonio y respecto a la posición que disfruta el otro cónyuge».

En el caso que nos ocupa, parece más que evidente que se observan las pautas interesadas tanto normativa como jurisprudencialmente, toda vez que mis mandantes [ESPECIFICAR_MOTIVOS_POR_LOS_QUE_ENTENDEMOS_ADECUADA_LA_PENSIÓN_COMPENSATORIA]

Por tanto, la pensión compensatoria ha de establecerse con carácter indefinido (existiendo posibilidad de modificar la misma, aspecto al que se compromete mi mandante en cuanto la situación económica laboral mejore) tal y como nos indica el Tribunal Supremo, por ejemplo en la **STS n.º 538/2017, de 02 de octubre, ECLI:ES:TS:2017:3379**, rezando la misma que:

«La fijación temporal de la pensión ha de partir de la convicción del tribunal de que, dentro del plazo fijado, se ha de poder restaurar el equilibrio por los propios medios del cónyuge beneficiario. Cuando no existe tal convicción —como ocurre en el caso— lo oportuno es el establecimiento de la pensión con carácter indefinido, lo que no implica un derecho a cesar en la búsqueda de tal restauración del equilibrio mediante ingresos propios y la imposibilidad de solicitar una modificación de medidas cuando tal búsqueda no se produce, con la finalidad —que no puede encontrar amparo en derecho— de mantener el percibo de la pensión por parte de quien se beneficia de ella (...)».

VII.- COSTAS

En aplicación del art. 394.1 de la LEC, deberán imponerse las costas al demandado.

VIII.- *IURA NOVIT CURIA*

En todo lo no invocado resulta de aplicación el principio *iura novit curia*, plasmado en el párrafo segundo del punto primero del artículo 218 de la Ley de Enjuiciamiento Civil, en virtud del cual serán aplicables las demás normas que sean de pertinente, especial o general aplicación, y que el juzgador podrá tener en cuenta de oficio sin necesidad de que hayan sido previamente alegados o invocados por alguna de las partes intervinientes.

Por todo ello,

SUPLICO:

Tenga por presentado este escrito junto con sus documentos y copias, teniéndome como parte en la representación que ostento y entendiéndose conmigo las sucesivas diligencias, y proceda a admitir la presente **DEMANDA DE SEPARACIÓN MATRI-MONIAL CON ACUMULACIÓN DE ACCIÓN DE DIVISIÓN DE COSA COMÚN** contra D./D.ª [NOMBRE_PARTE_CONTRARIA] y previos los trámites oportunos se dicte sentencia de separación de mi mandante D./D.ª [NOMBRE_CLIENTE] y D./D.ª [NOM-BRE_PARTE_CONTRARIA], con establecimiento de las siguientes medidas:

1. Uso de la vivienda familiar, sea atribuido a D./D.ª [NOMBRE_CLIENTE].

2. Pensión compensatoria, se establezca una pensión consistente en el pago de [CANTIDAD_EN_LETRA] euros ([CANTIDAD] €), en principio con carácter indefinido a favor de mi mandante, por parte de D./D.ª [NOMBRE_PAR-TE_CONTRARIA], pagadera durante los diez primeros días de cada mes en la cuenta núm. [NÚMERO] de la entidad [NOMBRE], que se deberá actualizar anualmente conforme al índice [ÍNDICE].

3. Respecto a la división de los bienes comunes: [DESCRIPCIÓN].

Por ser justicia que pido en [DÍA] de [MES] de [AÑO].

Letrado/a [NOMBRE Y FIRMA LETRADO]

Procurador/a [NOMBRE Y FIRMA PROCURADOR]

---

(1) Por la reforma realizada por la LO 1/2025, de 2 de enero, una vez implantados de forma efectiva los tribunales de instancia (D.T. 1.ª), todas las referencias realizadas a los juzgados unipersonales se entenderán realizadas a las secciones del orden jurisdiccional correspondiente de los tribunales de instancia. En este caso, el apartado 5 del art. 86 de la LOPJ, en su letra a), atribuye a la Sección de Familia, Infancia y Capacidad la jurisdicción exclusiva y excluyente de las materias *«relativas al matrimonio y a su régimen económico matrimonial y las que tengan por objeto la adopción o modificación de medidas de trascendencia familiar y otras acciones derivadas de la crisis matrimonial o de la unión de hecho».*

(2) De acuerdo con el segundo párrafo del art. 399.3 de la LEC se hará constar en la demanda la descripción del proceso de negociación previo llevado a cabo o la imposibilidad del mismo, conforme a lo establecido en el ordinal 4.º del artículo 264, y se manifestarán, en su caso, los documentos que justifiquen que se ha acudido a un medio adecuado de solución de controversias, salvo en los supuestos exceptuados en la Ley de este requisito de procedibilidad.

(3) Documentos que acrediten haberse intentado la actividad negociadora previa a la vía judicial cuando la ley exija dicho intento como requisito de procedibilidad, o declaración responsable de la parte de la imposibilidad de llevar a cabo la actividad negociadora previa a la vía judicial por desconocer el domicilio de la parte demandada o el medio por el que puede ser requerido.

Formulario de medidas provisionales previas (separación/divorcio sin abogado y procurador)

> **A TENER EN CUENTA.** Por la reforma realizada por la LO 1/2025, de 2 de enero, una vez implantados de forma efectiva los tribunales de instancia (D.T. 1.ª), todas las referencias realizadas a los juzgados unipersonales se entenderán realizadas a las secciones del orden jurisdiccional correspondiente de los tribunales de instancia. En este caso, el art. 86 de la LOPJ atribuye esta materia a la Sección de Familia, Infancia y Capacidad.

AL JUZGADO DE PRIMERA INSTANCIA DE [LOCALIDAD]
A LA SECCIÓN DE FAMILIA, INFANCIA Y CAPACIDAD
DEL TRIBUNAL DE INSTANCIA DE [ESPECIFICAR] **(4)**

Don/Doña [NOMBRE CLIENTE], con DNI [NUMERO], y domicilio a efecto de notificaciones en [DOMICILIO], de [LOCALIDAD], CP [NUMERO] ante el Juzgado comparezco y como mejor proceda en Derecho, **DIGO:**

Que por medio del presente escrito, **solicito la adopción de medidas provisionales previas a la presentación de la demanda de** [CONCEPTO] **(1)** contra don/doña [NOMBRE PARTE CONTRARIA], con DNI [NUMERO], y domicilio en [DOMICILIO], de [LOCALIDAD], de conformidad con el artículo 771 de la Ley de Enjuiciamiento Civil, y ello con base a los siguientes

HECHOS

Primero.- Ambos cónyuges, contrajimos matrimonio en [LOCALIDAD], el [DIA] de [MES] de [AÑO], matrimonio inscrito en el Registro Civil de [LUGAR] en el Libro [NÚMERO], Tomo [NÚMERO], Folio [Número]. (Adjunto como **doc. número** [NÚMERO], certificado matrimonial).

Segundo.- De dicha unión nació un/una hijo/a [NOMBRE], de [NUMERO] años edad en la actualidad.

(Se acompaña como **doc. número** [NÚMERO] certificado de nacimiento del menor).

Tercero.- El matrimonio se rige por el régimen económico de [DESCRIPCION] **(2)**

Cuarto.- Que es mi intención presentar la oportuna demanda de [CONCEPTO] **(1)**, cumpliendo con lo previsto en el artículo 770 de la Ley de Enjuiciamiento Civil.

Quinto.- Ya han pasado más de tres meses desde la celebración del matrimonio, requisito estipulado en el **artículo 81.2 del Código Civil.**

Sexto.- Con base a lo previsto por el artículo 771 de la LEC, y por remisión a los artículos 102 y 103 del Código Civil, solicito la adopción de las siguientes medidas provisionales previas a la oportuna demanda de [CONCEPTO] **(1)** contra Don/Doña [NOMBRE PARTE CONTRARIA]:

- La separación provisional entre ambos cónyuges.
- Revocación de los consentimientos y poderes que nos fueron otorgados.
- Cesamiento de la posibilidad de vincular los bienes privativos del otro cónyuge.
- Patria potestad compartida entre ambos progenitores.

- Guardia y custodia del/la hijo/a menor de edad, a favor de mi persona, siendo perjudicial todo acuerdo en contrario para el/la menor.

- El régimen de comunicación y visitas por el otro progenitor, deberá realizarse de la siguiente forma: [DESCRIPCION]

- El domicilio conyugal, deberá quedar atribuido a mi persona, teniendo la consideración del interés más necesitado de protección.

- Cargas del matrimonio y alimentos correspondientes al/la hijo/a menor de edad, se solicita la contribución por parte de Don/Doña [NOMBRE_PARTE-CONTRARIA], aportando la cantidad de [CANTIDAD] euros mensuales, a satisfacer en los diez primeros días de cada mes.

A los anteriores hechos les son de aplicación los siguientes

FUNDAMENTOS DE DERECHO

I.- JURISDICCIÓN Y COMPETENCIA

Conforme lo dispuesto en el art. 21.1 de la Ley Orgánica del Poder Judicial (LOPJ) y art. 36 de la Ley de Enjuiciamiento Civil (LEC), los Juzgados y Tribunales españoles del orden civil son los competentes para conocer de la acción que se ejercita.

De acuerdo con lo previsto en el art. 85.1 de la LOPJ, el conocimiento de este litigio corresponde a los Juzgados de Primera Instancia, en cuanto dicha norma no los atribuye a otros Juzgados o Tribunales. / De lo previsto en el art. 86 de la LOPJ, el conocimiento de este litigio corresponde a las secciones de familia de los tribunales de instancia.

El artículo 771.1 de la LEC, dispone que: *«El cónyuge que se proponga demandar la nulidad, separación o divorcio de su matrimonio puede solicitar los efectos y medidas a que se refieren los artículos 102 y 103 del Código Civil ante el tribunal de su domicilio».*

II.- CAPACIDAD Y LEGITIMACIÓN

Ambas partes ostentamos la capacidad necesaria para ser parte en el presente proceso, de conformidad con lo dispuesto en los artículos 6 y siguientes de la LEC y estamos legitimados para la presentación de esta demanda, en aplicación del art. 10 del mismo texto legal.

III.- POSTULACIÓN

El citado artículo 771 de la LEC, dispone que para formular esta petición no será necesaria la intervención de procurador y abogado, pero sí lo será para todo escrito y actuación posterior.

IV.- INTERVENCIÓN DEL MINISTERIO FISCAL

Dada la presencia de hijos menores del matrimonio, es preceptiva la intervención del Ministerio Fiscal, según lo establecido en el art. 771.2 de la LEC, y del art. 749 del propio texto legal.

El artículo 749 de la LEC, establece la intervención del Ministerio Fiscal, con la presencia de hijos menores en su apartado primero: *«En los procesos sobre la adopción de medidas judiciales de apoyo a las personas con discapacidad, en los de nulidad matrimonial, en los de sustracción internacional de menores y en los de determinación e impugnación de la filiación, será siempre parte el Ministerio Fiscal, aunque no haya sido promotor de los mismos ni deba, conforme a la ley, asumir la defensa de alguna de las partes».*

V.- PROCEDIMIENTO

El procedimiento a seguir será el establecido en el **artículo 771** de la LEC:

«El cónyuge que se proponga demandar la nulidad, separación o divorcio de su matrimonio puede solicitar los efectos y medidas a que se refieren los artículos 102 y 103 del Código Civil ante el tribunal de su domicilio.

A la vista de la solicitud, el Secretario judicial citará a los cónyuges y, si hubiere hijos menores o incapacitados, al Ministerio Fiscal, a una comparecencia en la que se intentará un acuerdo de las partes, que señalará el Secretario judicial y que se celebrará en los diez días siguientes. A dicha comparecencia deberá acudir el cónyuge demandado asistido por su abogado y representado por su procurador.

De esta resolución dará cuenta en el mismo día al Tribunal para que pueda acordar de inmediato, **si la urgencia del caso lo aconsejare, los efectos a que se refiere el artículo 102 del Código Civil y lo que considere procedente en relación con la custodia de los hijos y uso de la vivienda y ajuar familiares**».

Para que los efectos y medidas que se acordaran de conformidad con lo estipulado en este artículo, es intención de esta parte, la de presentar demanda de separación/divorcio, dentro del plazo de los treinta días siguientes a su adopción.

VI.- COSTAS

De conformidad con lo dispuesto en el art. 394 LEC, deberán ser impuestas a la demandante para el caso de exista oposición a lo interesado.

VII.- *IURA NOVIT CURIA*

En todo lo no invocado resulta de aplicación el principio *iura novit curia*, plasmado en el párrafo segundo del punto primero del artículo 218 de la Ley de Enjuiciamiento Civil, en virtud del cual serán aplicables las demás normas que sean de pertinente, especial o general aplicación, y que el juzgador podrá tener en cuenta de oficio sin necesidad de que hayan sido previamente alegados o invocados por alguna de las partes intervinientes.

Por todo ello,

SUPLICO AL JUZGADO/A LA SECCIÓN:

Tenga por presentado en el presente escrito, junto con los documentos y copias que se acompañan, lo admita y proceda a adoptar las medidas provisionales previas a la oportuna demanda de *(separación/divorcio/nulidad)* contra Don/Doña [NOMBRE PARTE CONTRARIA], que presentaré en el plazo de los treinta días siguientes a su adopción, de conformidad con el artículo 770 de la LEC, que en su primer apartado establece:

«A la demanda deberá acompañarse certificación de la inscripción del matrimonio, y en su caso, las de inscripción de nacimiento de los hijos en el Registro Civil, así como los documentos en que el cónyuge funde su derecho. Si se solicitan medidas de carácter patrimonial, tanto la parte actora como la parte demandada deberán aportar los documentos de que dispongan que permitan evaluar la situación económica de los cónyuges, y en su caso, de los hijos, tales como declaraciones tributarias, nóminas, certificaciones bancarias, títulos de propiedad o certificaciones registrales. De igual forma se deberá acreditar, de existir, la resolución judicial o acuerdo en virtud del cual corresponde el uso de la vivienda familiar» **(3)**

Y por tanto ACUÉRDESE:

- La separación provisional entre ambos cónyuges.
- Revocación de los consentimientos y poderes que nos fueron otorgados.
- Cesamiento de la posibilidad de vincular los bienes privativos del otro cónyuge.
- Patria potestad compartida entre ambos progenitores del menor [NOMBRE]
- Guardia y custodia del/la hijo/a menor de edad [NOMBRE] a favor de mi persona, siendo perjudicial todo acuerdo en contrario para el/la menor.
- El régimen de comunicación y visitas por el otro progenitor, deberá realizarse de la siguiente forma: [DESCRIPCION]
- El domicilio conyugal, deberá quedar atribuido a mi persona, teniendo la consideración del interés más necesitado de protección.
- argas del matrimonio y alimentos correspondientes al/la hijo/a menor de edad, se solicita la contribución por parte de Don/Doña [NOMBRE_PARTE-CONTRARIA], aportando la cantidad de [CANTIDAD] euros mensuales, a satisfacer en los diez primeros días de cada mes.

Con todo lo demás que sea procedente en Derecho.

Por ser justicia en [CIUDAD] a [DIA] de [MES] de [AÑO]

Fdo. [NOMBRE Y FIRMA DEL ACTUANTE]

---

(1) Separación, divorcio o nulidad matrimonial.
(2) Gananciales o separación de bienes. De ser este último, adjuntar copia de la escritura de capitulaciones.
(3) El RD-ley 6/2023, de 19 de diciembre, modifica el artículo 770.1 de la LEC con entrada en vigor el 20/03/2024.
(4) Por la reforma realizada por la LO 1/2025, de 2 de enero, una vez implantados de forma efectiva los tribunales de instancia (D.T. 1.ª), todas las referencias realizadas a los juzgados unipersonales se entenderán realizadas a las secciones del orden jurisdiccional correspondiente de los tribunales de instancia. En este caso, el art. 86 de la LOPJ atribuye esta materia a la Sección de Familia, Infancia y Capacidad.

Convenio regulador de divorcio de mutuo acuerdo ante notario. Separación de bienes. Sin hijos. Con animales de compañía

En [CIUDAD] a [DÍA] de [MES] de [AÑO]

Ante mí,

Don/Doña [NOMBRE NOTARIO] notario/a del Ilustre Colegio de [CIUDAD]

REUNIDOS

D./D.ª [NOMBRE CLIENTE] mayor de edad, con DNI [NÚMERO] y domicilio en [ESPECIFICAR]

y D./D.ª [NOMBRE CLIENTE] , mayor de edad, con DNI [NÚMERO], con domicilio en [ESPECIFICAR]

EXPONEN

I. D./D.ª[NOMBRE CLIENTE] y D./D.ª[NOMBRE CLIENTE], contrajeron matrimonio [CIVIL/CANÓNICO], en fecha [FECHA], estando inscrito en el Registro Civil de [LUGAR] al Libro [NÚMERO], Tomo [NÚMERO], Folio [NÚMERO].

Se adjunta como **documento n.º** [NÚMERO], certificación registral del matrimonio.

II.- Que no tuvieron descendencia.

III.- Que el régimen económico matrimonial es de separación de bienes, estipulado en capitulaciones matrimoniales otorgadas ante Notario D./D.ª [NOMBRE NOTARIO] con fecha de [DÍA] de [MES] de [AÑO].

Se adjunta como **documento n.º** [NÚMERO], copia del escrito de capitulaciones matrimoniales.

IV.- Que instan la disolución del vínculo matrimonial a través de la preceptiva formulación de convenio regulador en escritura pública, de conformidad con lo dispuesto en el Código Civil (CC) en su art. 87 y concordantes, como en el art. 54 de la Ley del notariado de 28 de mayo de 1862,

PACTAN

PRIMERO.- Ambos acuerdan, cumpliendo con el contenido del artículo 90 del Código Civil (1), con carácter definitivo, la disolución de su matrimonio y del régimen de separación de bienes, y declaran que nada tienen que decirse ni reclamarse por razón de lo mismo

SEGUNDO.- El uso y disfrute del domicilio conyugal le corresponde a D./D.ª [NOMBRE CLIENTE].

TERCERO.- En lo que se refiere al animal de compañía de los cónyuges [NOMBRE], estos acuerdan, teniendo en cuenta el interés de los miembros de la familia y el bienestar del animal, el destino compartido del mismo por meses completos, esto es, desde el 1 hasta el último día del mes, debiendo ser entregado en el domicilio de la parte con quien vaya a pasar ese periodo.

Durante ese periodo, las partes acuerdas que cada uno asumirá los gastos del animal, salvo que se trate de gastos extraordinarios tales como vacunas o intervenciones quirúrgicas, que serán sufragas al 50 %.

CUARTO.- Disponiendo ambos cónyuges de sus propios medios de vida renuncian, expresa y recíprocamente, a exigirse cualquier tipo de pensión compensatoria ni compensación económica a favor de ninguno.

QUINTO.- Los cónyuges declaran expresamente que el régimen económico matrimonial es el de separación de bienes y que en la actualidad no existen bienes pendientes de disolución, liquidación y/o reparto.

SEXTO.- Ambas partes se obligan a firmar la documentación presentada para el firme cumplimiento de lo pactado.

El presente documento se firma por triplicado en prueba de conformidad

Del contenido de esta escritura pública y capacidad y legitimación de los otorgantes, yo, notario del Ilustre Colegio [COLEGIO_NOTARIO], de [CIUDAD], DOY FE.

Fdo. [FIRMA]

Fdo. [FIRMA]

---

(1) Véase el artículo 90 del Código Civil